做课程的追光者

U0807483

葛红霞◎著

SPM 南方传媒 | 广东经济出版社
·广州·

图书在版编目（CIP）数据

做课程的追光者 / 葛红霞著 . -- 广州： 广东经济出版社，2025. 1. -- ISBN 978-7-5454-9364-1

I. G633. 412

中国国家版本馆 CIP 数据核字第 2024MH8143 号

责任编辑：陈　晔　于明慧
责任校对：李玉娴
责任技编：陆俊帆
封面设计：林晓夏

做课程的追光者
ZUO KECHENG DE ZHUIGUANG ZHE
出 版 人：刘卫平
出版发行：广东经济出版社（广州市水荫路 11 号 11 ～ 12 楼）
印　　刷：广东鹏腾宇文化创新有限公司
（珠海市高新区唐家湾镇科技九路 88 号 10 栋）

开　　本：730 毫米 ×1020 毫米　1/16　　**印　　张**：12
版　　次：2025 年 1 月第 1 版　　**印　　次**：2025 年 1 月第 1 次
书　　号：ISBN 978-7-5454-9364-1　　**字　　数**：180 千字
定　　价：69.00 元

发行电话：（020）87393830
广东经济出版社常年法律顾问：胡志海律师
如发现印装质量问题，请与本社联系，本社负责调换
版权所有 • 侵权必究

序

在教与研中且行且思

岁月不居，时光如流。

倏忽之间，我从教已整整28个年头。这一路走来，静静抚摸时光对我教育年轮的反复刻画与仔细打磨，其间有痛苦也有欢乐，有遗憾也有收获，有迷茫也有执着，有不甘也有释然。这28年的时光，于我而言，是潜移默化中的一种人生嬗变，也是守望本心的一次精神远行。从一名普通的英语教师到名教师，再到学校管理者，直到现在的区域教研人，我从教路上的每一个脚印，无论坚实，抑或清浅，无疑都是我成长的痕迹与见证。反观自我，让我不禁思考，一线教师应当如何践行教育家精神？如何做一名平凡的好老师？而这些在我思考与实践过程中慢慢积淀下来的文字如果能引起老师们的共鸣，那或许才是它们价值的真实存在吧。

记得在一次教师培训课程设计的研讨会上，有位相熟的领导对我说："红霞，你是从一线教学中成长起来的，你一定要好好总结一下自己成长的经验，并分享给一线的老师们。"那一刻，我恍然明白，荣誉不仅是对自身的认可，更是一份责任和义务。正是天河这片沃土，给了我生长向上的养分，我必须，也应该为老师们多做点什么。带着这份期许，我开始整理和反思自己这些年专业成长上的点点滴滴。

始于喜悦，成于智慧。犹记当年带着"这条小鱼在乎"的演讲，我懵懵懂懂获得了学校和区里的演讲比赛一等奖，演讲中写下的每一个字、立下的每一句承诺，都引领着我用坚定的信念与朴素踏实的行动去践行做一位"好老师"的理念。漫步英语教学，从词汇到句式，从语篇到文化，我在横向拓展的教学内容中感受英语教学的乐趣；从生涩到成熟，从模仿到凝练，我在教学方法的纵向提升中收获成长带来的喜悦。在敬畏中前行，从教学到教育，从学科到课程，我在思行中立体建构自己的教学理念；由教学到教研，由微观到宏观，我在语境跨越中走向更广阔的空间。以教践研，以研促教，我在教与研的相辅相成中且行且思，努力追求着专业与人生的同生共长。

坚实的文字总是充满力量，扎实的成长往往承载厚重。感恩一直以来对我宽厚包容的领导，无私教导我的导师，支持帮助我的同事和朋友。感谢和我共同开展教育教学研究，参与撰写本书第二章第五节的洪初兰老师和卢雨知、谭咏琪两位助手；第三章第五节的陈燕、林映映、张柳妍、邓晓颖、刘敏等老师；第五章的杨磊、朱芷滢、何凡、何晋铭、朱云志等老师。感谢广东教育杂志社的龙建刚老师，他认真地阅读我写的每一个字，不断给予我鼓励和指导，使本书的文体更清晰、结构更完整，让我有勇气把教学一线的质朴感悟带到书中和大家分享。

谨以此书送给成长中的老师们，和大家共勉。

葛红霞

2024年12月9日

目　录

·contents·

第一章

在追寻中成就自我

曾经，有一个学生问我："葛老师，如果有下辈子，你还想做老师吗？"我毫不犹豫地答道："做啊，如果能有下辈子，我还愿意做你们的老师。"作为一名普通的老师，也许我发出的光并不耀眼，但是我一直在用爱与智慧去照亮学生们人生的道路，指引着他们生命的航程。因为每一个学生，都是我今生难以忘记的精彩；因为每一个学生，我都在乎。

第一节

“这条小鱼在乎”

2006年，抱着试试看的心态，我参加了广州市天河区骨干教师的招聘考试，没想到居然通过了。于是，我离开熟悉的生我、养我、见证我成长的故乡，来到了我在广州的第一站——广州市第七十五中学。这其中有对新生活开始的憧憬与激动，但更多的是对突然背井离乡的依依不舍，那份冲突与挣扎今天想起来依然历历在目。既然选择了远方，便只顾风雨兼程。人生的道路只有向前，片刻的犹豫与伤感不过是长途跋涉中灵魂的小憩。

机会向来都是为有准备的人而留。2007年，广州市第七十五中学为了寻求自身发展的新突破，在多方论证之后决定以“我的责任教育”为核心因子构建学校的办学理念体系，全校上下围绕“责任教育”开展了丰富的、系统的教育教学活动。正是在这一机缘之下，我参加了生平第一次教师演讲比赛，凭着以前在老家学校担任团委书记时指导学生演讲的经验，我竟然一路过关斩将，获得了全校一等奖。后来我又代表学校参加天河区教师演讲比赛，获得区一等奖。这次成功的体验，开启了我人生新的征程。当时激情演讲的画面历历在目……

暴风雨后的一个早晨，一个男人到海边散步。他看到沙滩的浅水里，有许多被海浪卷上岸来的小鱼。它们被困在浅水洼里，虽然大海近在咫尺，却回不了。被困的小鱼，也许有几百条，甚至几千条。用不了多久，浅水洼里的水就会被沙粒吸干，被太阳蒸发，这些小鱼都会干死的。

男人继续朝前走，忽然看见前面有一个小男孩，走得很慢，而且不停地在每一个水洼旁弯下腰去——他在捡起水洼里的小鱼，用力把它们扔回大海。

终于，这个男人忍不住走过去：“孩子，这水洼里有成百上千条小鱼，你救不过来的。”

“我知道。”小男孩头也不抬地回答。

“哦？那你为什么还在扔？谁在乎呢？”

“这条小鱼在乎！”小男孩一边回答，一边捡起一条鱼扔进大海，“这条在乎，这条也在乎！还有这一条，这一条……”

这是我听过的一则小故事，至今都不能忘却。我不能忘却那一条条渴望大海的小鱼，更不能忘却那个执着的小男孩。

我是一名教师。当面对一双双求知的眼睛时，我分明感觉到，每一双清澈晶莹的眼睛里都泊着两条灵动的小鱼，那些小鱼渴望知识的海洋，渴望在海洋里茁壮成长，而我们就应该成为那个执着的小男孩。

有时候，我们是一盏明灯，指引那些迷途的孩子走出黑夜；有时候，我们是一只小小的渡船，把一个又一个怀揣理想的孩子送到美丽的彼岸；可有时候，我们只爱鲜花，为了满园的鲜艳而不惜剪掉一株又一株的杂草。其实，每一朵鲜花、每一株杂草，无论是娇艳的还是柔弱的，它们都一样渴望阳光雨露，渴望园丁的呵护。是的，也许对于一名教师而言，“这一条”是千分之一、万分之一；但是，对于一个家庭而言，“这一条”却是百分之百的期待，是全部的美好。正如故事里的那些小鱼，这条在乎，这条也在乎，每一条都值得去在乎。庄稼毁了可以再种，东西丢了可以再买，春去了可以再来，可人生没有轮回，孩子们的命运正在被我们影响。也许教师的作用是有限的，但是我们必须时刻牢记，每一条小鱼都会在乎。

教师的责任重于泰山。传承文明是责任，塑造灵魂是责任，启迪未来也是责任。是谁让琅琅书声传遍了校园？是谁俯首案边，为每个孩子做诊断？是谁细心叮咛，不厌其烦地分析、指点，不论春夏秋冬，不惧酷暑严寒，不管身体如何、疲倦与否？是教师！要知道，教师端的是爱心碗，吃的可是良心饭啊！

课堂上书声依旧，可我们再也看不到方翠琴老师光彩的笑容，再也听不到她爽朗的笑声。年仅31岁的她抱病一年坚持上课，错过了一次次治疗的机会。她帮助了无数学生，可这一次，她却没能帮得了自己。我们泪流满面，只能默默祈祷，希望那飘飞在病房的千纸鹤，能够驱走可恶的病魔。大爱无边，责任无边！这就是我们用生命去谱写，用心血去浇灌的责任啊！

曾经，有一个学生问我："葛老师，如果有下辈子，你还想做老师吗？"我毫不犹豫地答道："做啊，如果能有下辈子，我还愿意做你们的老师。"作为一名普通的老师，也许我发出的光并不耀眼，但是我一直在用爱与智慧去照亮学生们人生的道路，指引着他们生命的航程。因为每一个学生，都是我今生难以忘记的精彩；因为每一个学生，我都在乎。

第二节

对自我的追问

我是谁?

我一时思绪停顿。我是一名英语教师，我把英语教学看作自己的终身职业。我是一名副校长，带着敬畏和使命，用心工作，积极向上，无愧于心。我还为人母，为人妻，为人女，为人友……这么多的身份，我都需要用心经营，不断成长。因为，它们虽是不同的角色，有着不同的责任与担当，但是它们又相互影响，彼此成就。为他人，也为自己，用心做好每一个角色，期待更好。

我从哪里来?

人的成长，总是会受身边人的影响，比如父母，比如师长，又或是朋辈与偶像。于我而言，受母亲的影响最大。母亲的勤劳，是典型的湖南人“吃得苦”的精神特质，她为家庭从不言累地默默操劳，对我影响最是深远。所以，无论是对待学习、工作，还是对待生活，勤劳质朴是我一以贯之的品质。还有就是母亲的坚韧，是典型的湖南人“霸得蛮”的另一性格特点。从小耳濡目染她对实现目标的百折不挠，遇到困难的坚持不懈，让我对生命的韧度有了深刻的认知，这种品质也成为我人生前进的重要精神支柱。我从想成为一名教师到想成为一名优秀的教师，再到想成为一名尽职尽责的学校行政干部，一切的追求与努力简单而质朴，从来没有幻想过鲜花与掌声，也从来没有幻想过能一蹴而就，而是执着前行，如同一棵树一样生长，不管四季轮回，不怕狂风暴雨，不羡喧闹繁华，只是朝着向往的天空，默默拔节，静静茁壮。

我要到哪里去?

年轻的时候，总是给自己的人生定下很多目标，然后发现真的是贪多嚼不烂，既分散了自己有限的精力，也给自己带来很多不必要的压力。随着年龄的增长，我愈发强烈地感受到，越是简单越是纯粹，人生也会愈发清晰、轻松。一是要拥有健康。健康的身心是人生一切的保障。二是要坚持终身学习。“苟日新，日日新，又日新”，身处信息爆炸、知识快速迭代的时代，坚持不间断地学习是我们与时俱进的唯一选择。三是要努力工作。时代快速发展，无论是教学还是管理，我们都需要紧跟时代的步伐，将自我的价值融入时代的洪流之中。四是要热爱生活。每一天都充满阳光，无论成功还是失败，都是人生的经历与历练。要用欣赏的眼光看待他人，用期待的眼光看待自己。

第三节

始于喜悦，成于智慧

都说教师是人类灵魂的工程师，那么，在教师的内心注入什么样的教学思想就能塑造什么样的灵魂。

美国诗人罗伯特·弗罗斯特（Robert Frost）曾经说，读者读他的诗应该“从快乐开始，以智慧结束”（Reading my poems should begin with pleasure and end in wisdom)。北外刘润清教授强调，教师要朝着课堂的五种境界努力：起码要充满信息（information），尽量让信息都是事实（facts），最好把事实放在一个系统中成为一门知识（knowledge），更理想的层次是让知识充满智慧（wisdom），最理想的境界是把智慧上升到哲学（philosophy）。

我们对事物的认识会随着时间的推移、环境的变化而日渐深入，乃至深刻，正所谓“明者因时而变，知者随事而制”。我有着26年的一线初中、高中英语教学经历，我对英语课堂的认识也是一个由浅入深、由表及里的过程。于今日的我而言，一名好的教师，或者说一节好的课堂，就应该给学生以喜悦的感受和智慧的感悟。也正是基于此，我逐步积淀和提炼出了属于自己的“始于喜悦，成于智慧”的教学风格。

一、成长的历程——用坚持守望喜悦和智慧

人生如白驹过隙。眨眼间，我已经从教26年，并且先后担任过10届初三、高三毕业班的英语教学工作。这26年间，没有轰轰烈烈的事迹，没有跌宕起伏的精彩，有的只是对教学琐事的耐心与细致，对教育理想的坚守与追

求，平凡但并不平淡，普通但并不平庸。“君子务本，本立而道生。”作为一名教师，什么是“本”呢？大抵是始于课堂而臻于育人。若如此的话，普通的我倘要说有什么收获，那便是始终坚持躬身务本，用喜悦和智慧浇灌梦想，用付出与追求守望美好花开。

梦种下的童年

童年的记忆总是充满着美好，那种美好有许多是来自我的祖父。祖父对我的学习和教育颇为关心，尤其重视我的英语学习。但记忆中祖父从来不强迫我去学习，而总是采取以奖促学的办法来鼓励我。零食对于小朋友来说，有种难以抵挡的魔力。祖父也正是摸清了我馋嘴的脾性，经常会给我设置一些小的学习任务，比如学习一个单词、背诵一段英文，完成了就能从他那里得到一个橘子、一根冰棍或是几块糖果的奖赏。年幼的我在零食的诱惑之下，自是全力以赴。所以，小时候我最乐意做的事就是跟着祖父学英语了。祖父是家里当时唯一懂英语的人，他知识渊博，似乎无所不通。就这样，冥冥中我便和英语结缘，和快乐结缘。

有着祖父从小给我打下的英语学习基础，进入中学后开始在课堂上跟着老师系统学习，英语自然成了我最喜欢的科目。在每名英语老师的身上，我都强烈地感受到英语的无穷魅力。尽管当时科任老师的英语口语并不那么标准，但我喜欢模仿老师潇洒的英文书写，喜欢每一篇英语课文，乐意去完成每份作业练习，甚至老师的每个眼神或是鼓励都让我欣喜。在我眼中，英语老师在各科老师中永远是最时尚、最漂亮、最温柔的。“亲其师而信其道”，那时的我就下定决心，要成为将来的她们，当一名温柔漂亮的英语老师。记得当年高考，考英语专业是必须提前考口试的，我以当地英语口试第三名的优异成绩考上了师范院校的英语专业。得偿所愿，我仿佛听到梦想开花的声音。

打开丰富的世界

每次市、区、校各级教研或培训，我从不错过学习机会。每学期我都到重点中学听课取经，详细记载课堂的每个细节，学习优秀教师的教态、课堂用语、课堂设计，反复琢磨，并结合自身特点和学情，有选择地运用到自己的课堂教学中。用天河区原教研员柴老师的话，“这位老师悟性非常好”。我也被评为“广州市中学英语教研活动积极分子”。为继续提升英语水平，2009年我参加了广州市人事局组织的出国考试，以出色的成绩被选拔赴英国伯明翰伯恩维尔学院进修一个月，学习语言和课堂教学。2018年我又报名参加了广州市教育局举办的英国爱丁堡学院中学在职英语教师EC4+4课程培训，重温英语教学理念和方法。2019年参加了天河区教育局举办的天河区中小学优秀教师赴新加坡交流学习，拓宽了视野。为研究学生心理，2011年参加了南方医科大学举办的国家职业资格心理师的培训，系统地掌握了心理咨询的基础知识、心理诊断技能、心理咨询技能。

天道酬勤，通过不断的学习和实践，我的专业水平和教学能力在日渐积累中得到提升。参加在浙江义乌举办的全国首届中小学新媒体新技术教学应用研讨会暨基于交互式电子白板学科教学观摩研讨活动时，我从全国100多位优秀教师中脱颖而出，获现场说课一等奖、视频课例二等奖。这些经历成为我教育主张提炼和教学风格形成的沃土。

成就更好的自己

一名教师的教学特点和教学风格，绝不是凭空生成，其建立必然是长期深耕于一线课堂之后，将自身性格、专业知识、教学艺术与教学内容、教学形式、教学对象巧妙融合而形成的一种课堂特质。这种特质的产生与形成，既需要时间的积淀，也需要一系列关键事件的打磨，当然也少不了智者的提携与引领。

在广州市“百千万人才培养工程”名教师培养和天河区名师培养中，我有幸成为广州市朱倩茵名师工作室的学员，在那里，我遇到了朱晓燕教授、宋春燕教授、李华教授、正高级教师朱倩茵老师等。他们的言传身教成为滋养我成长的巨大养分。在这些团队培养项目中，我更结识了一帮优秀的英语教师，他们让我深切感受到来自朋辈的不一样的课堂智慧和专业视角。

经过26年的历练，我被授予天河区骨干教师、天河区名教师、广州市第一批“百千万人才培养工程”名教师培养对象、南粤优秀教师、广东省特级教师等荣誉称号。个人参加教学业务竞赛累计获奖22项。曾赴珠海一中开展同课异构活动。给广州大学、广东技术师范大学学生和老师以及各类区级以上培训开设讲座累计28次，均获高度评价。有26篇论文发表或获奖，主持或参与18个课题研究，出版专著1本，参编教材1本。

我非常重视学生英语综合能力的培养，辅导了100多名学生参加全国、省、市各级比赛，取得全国“希望之星”英语风采大赛城市决赛一等奖、广州市英语朗读比赛一等奖、广州市高三英语词汇竞赛一等奖、广州市英语名著阅读比赛二等奖、广州市英语阅读竞赛优胜奖、岭南文化手抄报设计与展示活动优秀设计奖、天河区高中生英语写作大赛一等奖等优异成绩。多次被评为全国优秀辅导教师、国际英语精英赛优秀指导教师，荣获中央电视台“希望之星”英语风采大赛最佳指导教师奖、百万同题英语写作活动优秀指导老师奖等。

一步一个脚印，一履一行汗水。26年一线课堂教学经验的厚积之下，“始于喜悦，成于智慧”的教学风格和理念便来得自然而然。在我的课堂中，认知因素与情感因素始终都在努力实现辩证统一。我以对学生发自心底的敬重和爱护，以及对教育目标的深刻理解，运用金字塔学习理论开展教与学，运用思维导图指导学生建构知识体系，让课堂充满喜悦，让学生收获智慧。

苏霍姆林斯基在《给教师的一百条建议》中讲述了这样一个故事：“一位在学校工作了33年的历史教师上了一堂非常出色的观摩课，邻校的一位教师问他：‘你的每一句话都具有巨大的威力。请问，你花了多长的时间来准备这堂课？’历史教师回答说：‘这节课我准备了一辈子，而且，一般地说，每堂课我都准备了一辈子……’”我也期待自己努力成为这样的教师：爱读书，有学养，懂教育，热爱学生，充满智慧。

二、我的教学主张——兴趣·智慧

作为一名英语教师，对于课堂教学，我经常会追问自己几个问题：通过这节课的学习，学生应该知道什么？知道多少？学生能做什么？做到什么程度？学生能感受到什么？如何感受？通过这门课程的学习，学生应该学会什么？这三年我教会了学生什么？

为了回答这些问题，我总是努力尝试在问题呈现中激发学生的学习兴趣，在体验探究中塑造学生的文化意识，在情境运用中提升学生的语言能力，在思考创作中培养学生的思维品质，在参与评价中增强学生的学习能力。

更好的教育，多是源于兴趣

让教学从“喜悦”开始。婴儿牙牙学语时，教话的长辈总是带着无尽的爱意与期待，所以，任何一种母语的习得先天便充盈着温情和关怀的基因，这既给母语之外的其他语言的学习带来了巨大的挑战，也对外语教学中的师生关系变革、课堂氛围营造和教育情景创设有很大的借鉴意义。

好的课堂应当把认知因素与情感因素辩证统一起来，其教学目标应当是认知目标和情感目标的统一，在教学过程中，只有学生的认知心理和情感心理和谐共进，才能实现学生学科核心素养的培养。只有激发学生自主学习的意识和兴趣，挖掘学习的源动力，才能使学生自觉、积极地进行学习，也才能使学生将学习作为生活中不可或缺的重要组成部分，并形成终身学习的意识和能力。因此在实践中，我总是先科学厘定教学目标，然后寻找师生的共同教学愿景，以激发学生学习的“兴奋灶”为出发点，唤醒、激励、引导和促进学生的主动性，实施课堂教学。期许自己能以专业的姿态和辛勤的付出、对学生发自心底的尊敬和爱护，以及对教育目标的深刻理解，让自己的课堂变成学生喜欢的课堂。

我在开设英语歌曲欣赏课“Heal the world”时，引导学生理解歌曲风格、内容及内涵，感受英语在思想和情感表达中的魅力，体验英语学习的乐趣和喜悦，通过歌词中的词汇、习语、语法和文化信息等线索训练学生的推理能力。在课前5分钟活动中，我让学生准备自己最感兴趣的话题并制作PPT汇报。有学生制作了搞笑的相机广告，唤起了其他学生的生活体验，课堂在欢快的气氛中开始。同时，学生在准备汇报的过程中接触大量的英语，培养了学生查询、删减、概括、表达等综合能力。在这节课的教学中，我尽量给学生适当的任务，让学生在快乐中体验，在体验中提升。在输出环节，我要求学生从不同的角度思考话题或评论文本中的人或事物，或者要求学生基于阅读文本的话题进行辩论或书面写作等，引导学生利用新学的知识进行有意义的表达，让学生的语言能力在活学活用中提升。

三、更好的教育，在于收获智慧

让“智慧”在教学中生成。苏霍姆林斯基曾说：“一个人到学校来上学，不仅是为了取得一份知识行囊，更主要是为了变得聪明，因此他们主要的努力就不应该仅用在记忆上，更要用在思考上。所以真正的学校应是一个积极思考的王国，必须让学生生活在思考的世界里。”教师的使命，不仅在于让学生学到了多少知识，也不仅在于让他们懂得了多少规则，更重要的是让他们了解并习得知识和行为规范背后的东西。那就是学生内在的好奇心、想象力、理解力，学生的情感、态度、价值观，以及终身学习的能力，这些都是自我的觉知、生命的觉醒、智慧的觉解。面对一众年轻的、向上的生命，教师在课堂教学中有义务和责任把智慧的生长作为课堂的目标，追求学生思辨能力的提高和思维品质的提升。一名智慧的教师应当既爱自己的专业，又爱自己的学生，用心灵与心灵对话，用智慧开启智慧。这样，学生在课堂教学中才能因知识的积淀、能力的习得、人文的烛照、灵魂的共振而实现“歌之咏之，舞之蹈之”的理想学习状态。

智慧教学，需要开发学生潜能。美国哈佛大学心理学家霍华德·加德纳（Howard Gardner）的多元智能理论认为，人除了言语-语言智能和数理逻辑智能两种基本智能外，还有视觉空间智能等其他智能。教学改革要求学生在教师的指导下构建知识、提高技能、磨砺意志、活跃思维、展现个性、发展心智和拓宽视野。英语学习要以学生为中心，而多元智能理论认为无固定的多样化的学习及教学策略将会发挥学生不同的优势，这就为目前的英语教学及英语学习提供了崭新的机会，也为英语词汇学习提供了新的思路。我尝试将多元智能理论运用于高中英语词汇教学中，希望通过在教学中融合言语-语言智能、数理逻辑智能、视觉空间智能等多种智能元素，充分开发学生大脑的各种潜能，实现高效的词汇教与学的目标。

智慧教学，需要适当的工具作为教学抓手。在教学中，我选择运用思维导图发展学生思维。思维导图图文并用，把某主题下的次级内容用相互隶属、相互关联的层级图表现出来。我在教学过程中使用思维导图训练学生的词汇记忆、书面表达和阅读理解能力，做到内容充实且条理清晰。在开展阅读教学时，我常常以寥寥几笔的板书，勾圈画线，做到纲举目张，将文章的主要观点、论据、细节等信息进行梳理和归纳，让学生看到文章的全貌，在整体理解的基础上，帮助学生更好地理解和分析文本。

智慧教学，需要一定的教学模式来促进课堂生成。在教学中，我应用主体参与式教学模式，提升学生能力。要实现知识向智慧转化，本质是个体的主动参与。主体参与式教学模式以强调学习者主动参与、充分调动学习者的积极性、培养学习者的创新精神为特征。我在教学过程中积极创设主动参与的教学环境，引导学生自己发现、分析和解决问题，激发学生的学习积极性和自我发展的愿望，让学生在真实、投入的参与过程中锻炼和提升能力。这种教学实践模式也对作为教师的我提出了更高的要求，我需要不断提升自身的课堂引导能力和组织能力。

智慧教学，需要我们关注课堂教学过程。在教学中，我坚持“过程为本”的写作教学法，更为关注学生发展写作过程中的认知策略。根据英语语言的结构性特点，通过自己的教学实践和探索，形成三三原则写作教学模式，在固定内容上做足功夫，在固定结构上灵活运用，以此来承载思想内容及语义表达，让学生懂得英语段落结构及其基本写作方法和成篇手法，希望学生形成良好的语言表达能力。同时，根据写作模式，通过评价表对习作进行评价，强化基础写作意识。基于模式的写作，有助于学生养成良好的写作习惯和形成写作思维。从学生课堂表现来看，模式在心，减轻了学生的写作焦虑，增强了写作的信心。从写作成果来看，学生的习作结构更加合理，逻辑更清晰，语言也呈现出了亮点。有家长听了我的写作课，反馈说，“只要按这个模式写，我都会写作文了”。我的学生的英语整体写作水平在平行班中一直处于领先水平。但模式的运用要从模仿到灵活，即从入模到出模，需要更多的输入、积累和实践，需要教师在教学实践中不断发展学生思维、培养学生能力，形成英语学科核心素养。

四、他人眼中的我

学生眼中的我——

我曾遇见很多位老师，但葛老师留给我的印象无疑最为深刻。葛老师以学生为本。她想尽各种办法培养学生的独立自主能力。例如，每节课前5分钟她会让学生上台用英文分享自己感兴趣的东西，有时会让学生来讲解试题，甚至会给学生一节课让学生自己来讲解课文。作为参与者的我，得益于此，大大提高了我独立学习的能力。

葛老师专业知识精深。她的英语语法专题讲解有效地扫除了我的盲点；她做的思维导图加深了我对文本结构的理解；她提出的词感、语义场概念让我面对完形填空时胸有成竹……葛老师能做到有效提高学生的学习能力。

葛老师的教学源于课本而又不止于课本。我在葛老师的课堂上并非只是学习了学科知识，更是培养了英语学科素养。在她的带领下，我们阅读了《新概念英语》《二十一世纪学生英文报》，开阔了自己的视野和眼界。

说起葛老师，你似乎无法指出单一的特点，她大概就是优秀、智慧、敬业、乐业的融合体吧。

（广州市第七十五中学2018届高三优秀毕业生、高考以664分列全省第429名邓俊龙同学）

同行眼中的我——

葛红霞老师热爱教育，勇于承担，乐于奉献，爱岗敬业，善于学习，勇于探索。她刻苦钻研业务知识，注重提高业务能力，有扎实的专业基础知识和教学基本功，形成了有个人特色且有效的教育教学风格。教学中，她与学生共生共长，提倡在课堂中体验喜悦，在课堂中收获智慧，所带班级学生英语能力突出，参加各级竞赛和在高考中均取得优异的成绩。为提高课堂教学的有效性，葛老师还积极开展课堂教学模式研究，探索思维导图在英语教学中的运用，培养学生的英语思维，发展英语核心能力。思想，是成就名师的灵魂。什么样的教师带出什么样的磁场，什么样的深度拥有什么样的课堂。葛红霞老师就是这样一位能打开学生心灵那扇窗的老师。

（广州市第一批“百千万人才培养工程”名教师培养对象、广州市真光中学英语高级教师 谢怿）

专家眼中的我——

葛红霞老师是一位有理想、有追求、有担当、有情怀的优秀老师。她爱岗敬业，热爱学生，善于学习，勇于探索，我常常被她的敬业精神深深打动。她的课堂总是充满灵动，总有别人想不到的点子，总能运用灵活多样的教学方法，如运用思维导图等帮助学生建构知识体系，开展各种教学活动激发学生参与，激发学生对知识的探究热情。她的课堂总是循循善诱，水到渠成，一气呵成。她非常注重提高学生的综合语言运用能力和培养学生的学科核心素养，注重学习方法的指导，培养学生学会学习的能力。她的课堂总是欢声笑语、气氛活跃、学生表现不俗。在我眼里，葛红霞老师是一位有精深的专业知识、深厚的理论功底、广阔的人文视野，爱读书、有学养、懂教育，热爱学生、充满智慧的优秀教师。

（广东省特级教师、正高级英语教师、广州市名教师工作室主持人 朱倩茵）

五、始于喜悦，成于智慧

最好或最合适的课程是我永恒的追求。其实，每一堂课都是教师教育生命中的一个点，点点相连，便构成了教师教育生命的轨迹，同时也决定了教师教育生命的质地。26年，有过收获的幸福，也有过跌倒的伤痛。当前新高考改革是挑战，更是机遇。如何在高考和学科兴趣中寻找最佳的结合点？如何进一步探讨基于核心素养导向的英语课堂教学？如何落实教学评一致性？如何实施基于项目式的学科实践？如何在学科教学中寻找育人的价值？学无止境，牢记“始于喜悦，成于智慧”的教学理念，我选择一路向前，从现在起，从自己开始，进行自我反思和自我建设，怀着教育的理想，坚守真实的课堂。

第二章

英语教学内容的横向拓展

内容的选择与整合，是英语课程教学的重要抓手。从词汇到句式，从语篇到文化，由简到繁，循序渐进，再以合适的教育教学理念为支撑，从而令自己的课堂对于教学内容的把握既准确又高效。

第一节

基于多元智能理论的英语词汇教学

《普通高中英语课程标准（2017年版2020年修订）》（简称“新课标”），将语言知识作为发展学生英语学科核心素养的六要素之一。词汇知识在语言知识中扮演着重要角色，新课标对此也有明确的要求。学生参加英语高考应达到的词汇要求是：①在语境中，理解具体词语的功能、词义的内涵和外延以及使用者的意图和态度等；②根据不同主题，梳理词语，并用于理解和表达相关的信息；③学习形容词与名词、动词与副词、动词与名词等的习惯搭配，逐渐积累词块，确切表达意思、描述事物；④在比较复杂的语境中，运用恰当的词汇命名事物，进行指称，描述事件发生、发展的过程，描述特征，说明概念等；⑤学习使用1000～1100个新单词和一定数量的短语，累计掌握3000～3200个单词。经过高中三年学习，学生要达到上述要求绝非易事。有学者认为词汇学习是第二语言习得的中心任务，听、说、读、写，没有哪一项语言技能可以脱离对词汇的依赖。英国语言学家威尔金斯曾经说过：“没有语法，人们表达的事物寥寥无几，而没有词汇，人们则无法表达任何事物。”美国语言学家库珀研究发现，词汇量是影响学生学习英语的最大障碍。外语学习者在写作上犯得最多的错误是词汇错误，在听力上感觉最困难的也是词汇。

在实际教学过程中，根据日常教学中学生的表现以及课后作业如阅读、翻译、写作等所反映的情况来看，学生学习英语的最大难点就是大量英语单词的记忆。英语词汇教学在整个英语教学体系中占据举足轻重的地位。学生在掌握了一定的语法知识的基础上，掌握的单词愈多，其英语能力就愈强。

如何帮助、引导学生利用课内课外时间增加词汇量是值得我们在英语教学中重视并长期考虑的问题。笔者尝试将多元智能理论应用于英语词汇教学，创新教学方式。

一、理论背景

美国哈佛大学心理学家霍华德·加德纳的多元智能理论认为，人除了言语-语言智能和数理逻辑智能两种基本智能外，还有视觉空间智能等其他智能。教学改革要求学生应在教师指导下构建知识、提高技能、磨砺意志、活跃思维、展现个性、发展心智和拓宽视野。英语学习要以学生为中心，而多元智能理论认为无固定的多样化的学习及教学策略将会发挥学生不同的优势，这就为目前的英语教学及英语学习提供了崭新的机会，也为英语词汇学习提供了新的思路。笔者尝试将多元智能理论运用于高中英语词汇教学，希望通过在教学中融合言语-语言智能、数理逻辑智能、视觉空间智能、人际沟通智能、身体运动智能、音乐韵律智能、自我认识智能等多种智能元素，充分开发学生大脑的各种潜能，实现高效的词汇教与学的目标。

二、词汇教学的现状

教师如何使用正确的词汇教学方法扩大学生的词汇量，让学生积极地掌握并学会运用词语，提高学生的英语水平，已经成为英语教学成败的关键之一。根据笔者观察，目前词汇教学中存在的问题主要是：①孤立讲解的知识太多太细，学生无力去自己观察、思考，并在听、说、读、写中消化吸收。②接触少、重复少、吸收少。课本中单词的复现率低，学生容易前学后忘。③主次不分，平均用力，对常用词和非常用词作同样要求，学生负担过重。④词汇教学前后联系薄弱，系统性不强，不能体现词汇的规律性。具体表现在以下几个方面：第一，词汇呈现过于集中。教师把词汇教学集中在一节课的前15分钟，也就是导入呈现阶段。在这短短的15分钟里，教师把八九个甚至更多的生词教给学生。他们认为，词汇学习是篇章学习的基础，先学完基础的东西，就可以顺利地进行篇章教学，这种从定义的角度入手单纯地灌输知识的教学方法，很难让学生在语言环境中体验词汇的正确运用，学生学会的仅仅是拼读。第二，呈现巧妙但练习不足。有时教师的词汇呈现处理得非常精彩，学生很快就能理解其意，但由于没有创设运用的语境，学生学后不知道该如何使用这些单词，尤其在学习一词多义的常用词时。有时，教师在巧妙呈现之后马上转入下一个词汇或下一个话题的学习，没有给学生留足思考、交流的时间，使得学生学习的词汇成了“夹生饭”。第三，情境设置缺乏或设置不够科学。有时教师在设置情境时没有从学生的认知层面来考虑，造成学生对词汇的误解。

三、多元智能理论视域下英语词汇教学的实施策略

（一）词块教学，促进言语-语言智能发展

言语-语言智能指人对语言的掌握和灵活运用的能力。一个人要想具有很高的语言能力，就必须掌握足够的词汇量，并且能用语言清楚地表达自己的意思和说服别人。语言知识的获得和交际能力的提高是通过扩大学生的词汇组块、提高搭配能力和有效掌握最基本词汇和语言结构而实现的。词块作为整体存储于大脑中的预制单位，能降低学习者的记忆负荷。词块的意义是置于特定语境中的，以词块形式储存的信息更易于日后在交际活动中提取和使用。因此，词块是词汇记忆的理想模式，能够提高学习者词汇学习的质与量，并能潜移默化地提高学习者语言表达的准确性、流利性和地道性。

人教版新教材话题广泛，每个单元都有两篇与主题相关的阅读课文，文中有很多常用的、优美的词汇、句型，为学生提供了很好的词块学习材料。如何让学生有效地理解、记忆并运用这些词块，是教师在课堂教学设计中需要关注的问题。词块教学可以贯穿于阅读教学中，使词块习得和阅读理解相辅相成。教师在讲解词块时应提供丰富、生动的例句，帮助学生构建以语义

联想为中心的词块关系网，促进学生对词块的理解和吸收，提高学生习得词块的效率。记忆和背诵可以强化学生对词块的习得，有助于学生熟练运用语言。此外，英语语言中有大量的词块，仅靠课堂教学是远远不够的。教师要不断加强学生对词块学习策略的应用，培养学生的自主学习能力，具体表现在：学生根据教师讲授的方法主动辨认词块，了解词块的意义及用法；通过上下文语境猜测词块的意义；自主构建词块库，摘录新词块，并做好分类整理工作，如按话题、体裁等分类；有意识地应用、巩固词块，如缩写课文、编写小故事等。学生只有主动地学习和积累词块，积极地运用词块，才能加速语言的内化和吸收，不断提高语言运用能力，从而有效地发展言语-语言智能。

（二）联想与辨析，促进数理逻辑智能发展

英语词汇量庞大，浩如烟海，但它本身有着内在的规律可循。理解了内容，就容易记住，理解得越深刻，记忆得越牢固。联想可以帮助学生将词汇知识串联起来，形成一个系统的词汇知识网络，而辨析则可以使这个词汇知识网络更加精确和细致。在教单词时，教师要把音、形、义同时教给学生，让学生对单词有一个全面的了解。通过同义词、反义词辨析，同音异形词、词类转换词比较归纳等方式，想方设法将机械记忆转化为理解记忆，从而加深记忆痕迹，提高记忆效率。联想与辨析是英语教学的重要方法，是促进学生自觉地认识语言规律、比较异同、强化记忆、熟悉表达方式和锻炼思维能力的有效手段。充分利用词汇的变化特征，利用同音词、近音词的发音相同或相似而词义却不同的特点，或同义词、反义词相似或相对的特点，以及学生容易混淆的词汇或句型进行科学的联想和辨析，使教师教得轻松，学生辨得清楚、记得牢固。

以联想与辨析单词教学方法为例。词根加前缀或后缀构成词义和词性方面的联想：care—careful—carefully—carefulness；对同义词、近义词或词组进行联想：almost—nearly、real—true、at once—right now—in a minute；对语音或书写形式相似的词语进行联想：our—hour、there—their、here—hear。以

snow为对象进行联想，由从属联想可以想到snowy、snowing、nature等；由接近联想可以想到inter、Antarctic等；由类似联想可以想到white、flour等；由因果联想可以想到cold、play with snow等；由对比联想可以想到black、hot等；由归类联想可以想到rain、wind、cloud、fog等。

（三）设置情境，开发视觉空间智能

语言是用来在情境中表情达意的，脱离了情境，语言就难以恰当地表达意义。在情境化教学中，教师可以运用电影、多媒体、实物等形象化工具辅助教学，通过刺激视听等感官，激发学生的视觉空间智能，使学生加深对单词的音、形、义的记忆。有些单词不需要复杂的语境，形象的图形、图像就能完整地诠释它们的含义。教师还可以利用图片、图表或导图来呈现单词意义之间的联系，利用实物（即直观教具）来呈现单词意义等。高中英语单词表中名词占了很大的比例。名词分为专有名词和普通名词，普通名词又分为个体名词、集体名词、物质名词和抽象名词。其中个体名词（表示某类人或东西的个体，如gun、country、boy）和物质名词（表示无法分为个体的物质，如cotton、tea、air）在单词表中占的比例最大。这些个体名词和物质名词用实物或图片来呈现，能够更为直观地为学生所识记。同时，教师可以把这些名词再分类。例如，人物有accountant、actor、actress、astronaut、athlete等；食物有bean、beef、beer、biscuit、butter、grain等；动物有panda、pigeon、puppy等；生活用品有basin、towel、blanket、carpet、handkerchief等。分类之后，以类别为单位通过图片呈现单词，单词标注在图片的下方，使学生对目标单词有形象的认识；然后去掉标注的单词，让学生看图说出单词，以此进行反复的巩固。

英语原声电影也能起到刺激视听等感官的作用。单纯从课文中理解词汇过于抽象，通过电影画面中人物的表情、着装、手势等帮助学生理解，刺激学生的视觉、听觉，能启发他们的想象和联想，促进他们对语言的吸收。电影的画面能让学生更真实地感受中英文化的差异。例如，人教版新教材的课文包括一些经典的小说片段以及戏剧片段。这些经典的作品基本上都有相应的电影，在教学这些课文中的词汇时，可以结合电影片段帮助学生理解和记忆目标词汇。如人教版新教材必修三第五单元The Value of Money的阅读语篇是根据马克·吐温短篇小说《百万英镑》及同名电影改编的戏剧剧本节选，在教学中，教师可以通过电影画面刺激学生的视听等感官，帮助学生掌握loan、apologize、servant、make a bet等单词和词块。同时，人教版新教材专门增加了Video Time这个板块，用视频资源拓展学生的语言文化知识，体现了教材编写的科学性。

（四）小组合作，塑造人际沟通智能

合作式学习是学生在明确的责任分工下，为了完成共同的任务所进行的互助学习，这种学习方式能促进学生之间的交流和理解，从而激发学生的人际沟通智能，降低学生的焦虑感，增强学生的自信心。

人教版新教材的课文以阅读为主，词汇量非常大，由教师一个人把全部词汇进行讲解，学生根本没有办法吸收，因此我们可以将课文分段，学生按小组在指定的段落内寻找生词，然后查字典找到确切的词义和用法。每个学生建立一个预习本，各组将小组讨论过的新词、音标与词义写在本子上，以便由推选的代表讲解。各组代表上台，在投影仪上出示生词表，简要讲解词义后，由学生领读单词。在此过程中教师可以纠正学生的错误，补充讲解不全面的内容。各组讲解完以后，教师用规范的生词表，带领全班同学熟悉新词。实践表明，这样的词汇教学充满了活力，深受学生欢迎，有利于培养学生的自主学习能力。

人教版新教材每一个单元都有一个主题，在掌握了课本的相关词汇后，可以要求学生以小组为单位，在报刊或其他课外读物上寻找与该单元主题相关的文章，把美词佳句画出来并和同学们分享，以此延伸和拓展主题内容。由于文章主题与课文相关，学生读起来不吃力，有些在课文中出现过的单词可以巩固记忆，没有出现过但与主题相关的词可以积累起来，为后期的写作输出打基础。这个活动可以由人际沟通智能比较突出的学生组织，在发挥各自特长的情况下，学生可以自由融洽地交流，激发人际沟通智能，在和谐、

融洽的氛围中轻松学习。

（五）角色扮演，提高身体运动智能

身体运动智能的突出特征是利用身体交流和解决问题，熟练地进行物体操作以及需要良好动作技能的活动。身体运动智能要求学生在学习时透过身体感觉和肢体语言来表达和思考。美国加州圣约瑟大学心理学教授詹姆士·阿歇尔深信大量听力信息的接收与肢体动作反应相结合，能使学习的印象更深刻持久。

通过让学生扮演不同的角色领会词语含义，练习口语，熟练肢体语言。可以结合英语课堂实际，先把教学内容设计成一系列指令式语言项目，然后让学生用身体对这些项目做出反应，让学生“手舞足蹈”，激发他们学习的兴趣。教师通过口头发号施令，给予指示，并辅以肢体动作示范帮助学生了解指令的意义，在学生充分了解语句的意义时，再以肢体动作做出正确的回应，这样，不仅能减轻学生开口的压力，更能积累信心。在讲解情绪类形容词时，可以给学生设置一个场景，如：When you are waiting for the result of the college entrance examination, how do you feel? 要求学生随机做表情表示心情，通过学生的表情引出单词anxious。学完所有的情绪类形容词之后，由一个学生随机做表情，其他学生根据这个学生的表情来说出这些形容词。

还可以让学生用新学的单词在课后编一个2～3分钟的小故事，并在课堂上表演。这样，在准备节目的过程中，每组学生可以很好地熟悉并记住他们所用的单词。而在表演的过程中，要求非表演组的学生尽可能找出表演组所用的生词，这样既可以练习听力，也可以通过寻找来熟悉这些单词。这些活动不但活跃了课堂气氛，而且把枯燥无味的单词记忆变成了有趣的表演学习。学生的思维活跃，表演细胞丰富，通常会编出一些令人捧腹的短文，在表演时让人开怀大笑。通过动作、表情的传达，学生可以在轻松愉快的氛围中学习新单词，深刻地理解所学词汇，提高身体运动智能。

（六）歌曲学唱，培养音乐韵律智能

音乐韵律智能主要指对于节奏、音调和旋律的感悟和直觉能力，以及用音乐表达思想感情的能力。音乐能广泛应用于开发个体各种智能与潜能。学生大多听觉敏锐，善于模仿，具有音乐的潜能。因此，利用教材或课外的音乐资源，把音乐与教学内容有机结合是培养学生音乐韵律智能的主要渠道。教学的方式有听主题音乐或背景音乐、唱与教材同步的英文歌曲或与生活联系密切的抒情歌曲等。许多英语歌曲有很强的节奏感，能帮助学生记忆词汇。歌曲的韵律对他们来说耳熟能详。通过吟唱歌曲，一个单词的发音自然能长期储存在大脑里；相反，通过枯燥的课文句子来记忆的词汇往往只是短暂记住，容易被遗忘。歌曲中反复的韵律使得词汇被反复吟唱，纯正的发音更能帮助学生矫正错误的读音，发展学生的语音语调。教学步骤为：先听歌曲，呈现歌词，讲解歌词的含义、语法和句法，分析歌词内容，然后学唱。这样不仅能增加学生的词汇量，还可以增强语感和加强语言文化的熏陶、激发学习英语的兴趣和动机。实践证明，在英语课开始前唱英语歌曲可以起到热身作用，把学生带入英语教学的氛围；课中唱一唱英语歌曲可以起到调节作用，让学生保持更好的心情完成下一部分的任务；课后再唱英语歌曲则有利于巩固教学内容。例如，人教版新教材必修二第五单元Music涉及的主题语境是欣赏音乐、音乐的纽带作用、策划音乐节、音乐的疗愈功能、音乐鉴赏与评论、音乐家等。在教学过程中，我们可以利用歌唱、节拍旋律、播放音乐片段等形式，让学生理解cure、 romantic、piano、performance、studio等词汇，利用音乐韵律智能来增加词汇量，促进言语–语言智能的发展。

（七）防止遗忘，开启自我认识智能

德国心理学家艾宾浩斯的实验证明：遗忘的规律是先快后慢，刚记住的材料，最初几个小时内遗忘的速度最快；如果四至七天内不复现，记忆将受到抑制，甚至完全消失。因此，教师要有计划地引导学生经常复现英语词汇，克服遗忘。

自我认识智能在英语词汇学习中具有不可替代的作用。首先，它能帮助学生更好地认识自己的学习特点和需求，从而制定更有效的词汇学习策略。通过了解自己的记忆方式、学习速度以及兴趣点，学生可以更有针对性地选择适合自己的词汇学习方法，如分组复习、使用记忆技巧或借助游戏形式进行学习。其次，自我认识智能有助于学生建立积极的学习态度和自信心。当学生在词汇学习过程中遇到困难时，自我认识智能使其能够正确评价自己的能力和进度，避免产生挫败感，积极寻找解决问题的方法，如向老师请教、与同学讨论或利用在线资源。这种积极的学习态度有助于学生在词汇学习中保持持久的动力和兴趣。此外，自我认识智能还有助于学生调整学习策略，以适应不同的词汇学习任务。在学习过程中，学生可能会发现某些方法对于某些词汇的学习很有效，而对于其他词汇则不然。通过反思和评估自己的学习过程，学生可以灵活调整学习策略，以更好地应对各种词汇学习挑战。最后，自我认识智能还能帮助学生建立英语词汇学习的长期规划。通过了解自己的学习进度和成果，学生可以设定明确的学习目标，并制定切实可行的学习计划。这有助于学生在英语词汇学习中保持连贯性和持续性，从而取得更好的学习效果。教师要指导学生找到适合自己的词汇学习方法，在学习中了解自己的不足，发挥自己的优势。

多元智能理论下的英语词汇教学强调个体智能的多样性和差异性，是一种以学生为中心、注重个体差异和多样性的教学方式。它旨在通过多种手段和策略，激发学生的学习兴趣和主动性，提高他们的词汇学习效果和应用能力。研究表明，多元智能理论下的英语词汇教学能够引起并保持学生的注意力，使学生产生并保持对词汇学习的信心，能够激发学生学习词汇的动机和兴趣。学生在多元智能的激发下轻松自然地学习词汇的同时还能开发各种潜能，培养进一步学习的能力。

第二节

基于核心素养培养的主体参与式英语阅读教学模式探析

一、问题的提出

教育的真义就是价值引导与自主建构的统一。我国已经明确提出英语学科的核心素养包括语言能力、文化品格、思维品质和学习能力。英语学科的核心素养是对原有的培养学生综合运用语言能力这一英语课程目标的进一步提炼和升华。教师要明确其精要并在日常教育教学中多渠道、多方位积极探索有益于学生英语核心素养形成的教学活动。

主体参与式教学模式将参与教学活动的教师和学生作为课堂的主体，将课堂活动定义为主体间相互交流、相互理解的过程。主体参与式教学模式以强调学习者主动参与、充分调动学习者的积极性、培养学习者的创新精神为特征，自引入我国以来迅速得以普及，取得了良好的教学效果。然而，在各类英语公开课中，笔者发现部分教师在践行主体参与式教学模式时走入了误区。在他们的课堂上，学生被动参与活动多于主动参与，形式参与多于思维参与，简单参与多于创新思考。这样的课堂设计表面上形似主体参与式教学模式，但实质上有违主体参与式教学模式的本质。有些学校甚至将学生的主体参与式活动演绎成了一套标准化流程：教师一声令下，学生立即从座位上站起来，开始与同学讨论；教师用教鞭在黑板上一敲，讨论活动马上停止，学生齐刷刷坐回座位；教师让学生展示讨论成果，各组学生代表依次起来，慷慨陈词。在这种教学模式下，学生被教师牵着走，表面上教师关注了学生的能力培养，实质上并没有真正调动学生的积极性和培养学生的自主学习能力。

基于核心素养培养的主体参与式阅读教学模式，要求教师在教学过程中创设能引导学生主动参与的教学环境，激发学生的学习积极性，培养学生学习和运用知识的能力，让学生在真实、投入的参与过程中，锻炼和提升能力。同时，把学习的主动权交还给学生是主体参与式阅读教学模式的重要思想。在传统的英语阅读教学模式中，教师按照自己的思路设计好阅读的每个步骤，牵着学生开展阅读学习。表面上，教师的每个环节环环相扣，由浅入深，学生似乎步步紧跟。事实上，学生根本没有时间深入思考，而且，每个学生精读的速度也不一样，统一的步调，没有办法照顾每个学生的阅读个性和阅读喜好。这种长期浅层次的阅读，完全没有办法培养学生的阅读素养。如果教师能够把阅读的任务作为前置性作业留给学生自己独立完成，给予学生足够的阅读时间，关注阅读过程本身，让阅读回归到读的本质，放手让学生自己探究和思考，做出自己的分析和推理，形成自己的思维，学生在课堂上才真正有能力在教师的指导下主动思考和开展有意义的表达。

笔者以自己执教的一节公开课为例，以关注学生核心素养形成为基础，按照主体参与式阅读教学模式设计，提高学生的英语阅读能力和语言表达能力。

二、基于核心素养培养的主体参与式阅读教学模式实践

（一）教学内容分析

本节以人教版高中英语选修四第一单元阅读课“Satisfaction Guaranteed”为例，阐述基于核心素养培养的主体参与式阅读教学模式。本节课是本单元第二课时，单元话题为“机器人”“科幻文学作品”和“科幻小说作家”，内容主要涉及著名的科幻小说作家艾萨克·阿西莫夫的生平简介和他所创作的有关机器人的科幻小说。基于文本内容，教师要提供给学生足够的动手、动脑和动口的机会，引导学生积极参与到课堂活动中，帮助学生真正实现学

以致用。

（二）教学对象

学生来自广州市某高二理科实验班，英语基础较好，具有一定的信息提取能力、推断能力和概括能力，课堂参与意识强，愿意配合教师开展课堂活动。本节课是学生高中以来第一次接触科幻小说主题的英文阅读材料，文章较长，人物多，人物心理活动复杂。

（三）教学目标

根据本节课的特点和学情，教学目标设计如下：理解科幻小说情节和特点；帮助学生理解小说情节的发展和Claire对Tony的情感变化；学会运用思维导图梳理文章的脉络；培养学生的想象力和对未知世界的探索精神；培养学生主动和有效的学习习惯，学会表达自己的观点。教学任务实施的重点是让学生在有限的时间里完成阅读任务，梳理文章的脉络，并理解小说人物的心理变化，在清晰理解的基础上，表达自己的观点。

（四）教学实践过程

1. 理解（Understanding）——自主建构知识体系

教师提前设计好阅读学案作为本节阅读课的前置性作业。学案以文本理解为主，分为三个部分：Be a smart reader，Be a careful reader，Be a wise reader。内容由浅至深、由易到难。学生可以根据个人阅读的速度和喜好，完成精读任务。

Step1：Be a smart reader

Task1：Read the text quickly and complete its main idea.

The text is mainly about a robot, Tony, who not only helped Claire do ________, but also helped her create a new ________.

Task 2：Finish the table:

Characters	Who are they?
Larry Belmont	
Claire	
Tony	
Gladys Claffern	

Step2：Be a careful reader

Claire's feelings toward Tony changed as the story developed. Read the story, then fill in the occasions when Claire had these feelings.

Occasion	Claire
	disliked him
	was alarmed
	felt embarrassed
	admired him
	called him a dear
	felt his warmth
	felt being envied
	cried all night

Step 3：Be a wise reader：draw a mind map of the story

设计意图 本环节是本节阅读课的前置性作业。首先要求学生通过整体阅读把握小说的主要人物和主要故事情节。然后设计跳读练习，让学生把握小说的文本特征，快速查找小说中的4个主要人物，从而获得对小说文本题材、体裁和语篇结构的整体感知。接着围绕小说的女主人公Claire对Tony的情感变化设计练习，帮助学生把握小说的人物性格。此设计要求学生仔细阅读文本，查找细节，进一步熟悉文本，了解人物的情感变化。最后，要求学生用思维导图梳理出文本的主体脉络——主要线索、情节和人物。每个学生都会有一张不同的脑图，每张脑图都代表着每个学生自主建构的文本知识体系，这个体系或丰富、或简单、或深刻、或浅显。

2. 展示（Presentation）——热身引入本课主题

教师在课前5分钟让一位学生围绕本课主题“robots and AI”，展示其了解的有关机器人的知识，顺利引入本课阅读教学的主题。

设计意图 激活学生的背景知识，轻松导入本课主题。学生展示的内容贴近生活，具有趣味性，能够激发学生的阅读兴趣。同时，这个环节让学生来展示和导入，能够给学生更多的锻炼机会，更能体现学生的主体参与。

3. 小老师（Being a young teacher）——解决前置性作业

教师提前选一个学生做小老师，事先与该学生交流沟通，帮助其充分理解文本和解答前置性练习相关问题。课堂上由小老师向学生讲解阅读理解的相关练习。

设计意图 传统的英语阅读课堂都是老师引导学生完成阅读练习的核对和讲解。其实，这个环节完全可以让学生来完成。学生能做的事情，教师一定要提供平台让学生自己做。金字塔学习理论提到，采用“教别人”或者“马上应用”的学习方式，可以记住90%的学习内容。只要提前做好准备，选出来的优秀学生完全有能力带领同学顺利解决这些基础性的阅读练习。这种小老师的教学方式，更体现了主体参与式阅读教学模式的可行性和优越性。

4. 分享（Sharing）——利用思维导图梳理文章脉络

学生通过投影分享自己的思维导图和对文本的理解，然后教师分享自己的思维导图并引导学生回答两个深层次的问题——Why did Tony open the window? Why did Tony have to be rebuilt?

设计意图 思维导图是英国学者托尼·博赞根据大脑的放射性特点发明的一种可视性、发散性思维工作图。思维导图可分为充分体现文章层次和脉络结构的形式图式，以位于中央位置的主题词和主干位置的关键词体现文章内容话题的内容图式，充分关注文章的语言知识的语言图式。思维导图的运用能发散学生的思维。学生先通过投影分享自己的思维导图和对文本的理解，然后由教师进行分享。在分享的过程中，思维的碰撞产生智慧的火花。学生在这种氛围中主体参与，互动积极，在不知不觉中掌握文章的框架结构和情感内容。学生在自主探究的过程中，有效地锻炼了整合与归纳信息以及寻找信息的能力，也为后面的语言分析做好了铺垫。

5. 讨论（Discussing）——自主建构思维体系

创设两种情境，让学生发挥想象力，表达自己的观点。讨论问题1：What will happen to Tony? 讨论问题2：Think about the title of this text. Is it good? Why or why not? If not, what title would you like to give to this text?

设计意图 问题1充分利用了文本中的留白，引导学生重新深入文本，利用已有的知识和经验对同一问题进行多方位、多角度的分析和思考，发展学生的发散性思维。问题2旨在培养学生的审问意识和批判性思维。小说标题“Satisfaction Guaranteed”与小说的内容并不一致，对标题是否满意是一个值得探讨的话题。教师设置的任务能够引导学生以质疑的眼光对文章加以审视。该任务促使学生再次深入思考文章的主旨大意，分析文本的特点，通过重拟文章标题的方式，培养学生的审问意识和质疑精神。在课堂的探讨和交流过程中，不同视角的交汇，不同想法的碰撞，使学生在积极的思维活动中深化学习，积极创造。

三、基于核心素养培养的主体参与式阅读教学模式实践的思考

阅读教学是英语教学的重要组成部分，教师必须用现代的阅读理论来武装自己，指导自己的教学实践。从上述主体参与式阅读教学模式案例可以看出，整个教学环节和设计，始终围绕学生的主体参与、主动学习展开：前置性阅读作业，帮助学生开展个性化阅读，自主建构与文本相关的知识体系；思维导图的运用和分享，充分体现了对学生思维品质的关注和对英语核心素养的培养；开放性问题的探究和思辨，培养了学生的审问意识和质疑精神。

从课后学生的反馈信息看，不同层次的学生都认为自己学有所获，并且喜欢这种阅读课教学模式。听课教师也认为主体参与式阅读教学模式带给大家全新的阅读课教学视角，并高度评价“原来阅读课也可以这么上”。

基于核心素养培养的主体参与式阅读教学模式强调学生能做的事情一定要让学生自己完成。教师要做的就是给予学生充足的思考和探究的机会，尽可能提供平台，促使学生主动参与、主动表达，不断提高英语能力，让学生的语言和思维达到更高的境界。

第三节

基于“词·句·篇”三元思维下的书面表达能力提升策略

一、高考英语书面表达能力欠缺现象及成因

广东高考英语对写作的考查分为两节：基础写作和读写任务，共计40分，约占全卷总分的27%。根据近几年写作题评卷数据，基础写作和读写任务题低分段的考生数量相当大。广东考生的英语写作平均成绩一直在及格线以下徘徊。在语言上，相当大一部分考生的遣词造句能力弱，词汇量小，语法意识薄弱，卷面出现大量以中文句式构思而以英语单词拼凑的句子；在思维上，则表现出缺乏逻辑、句意不明、条理不清、语言单调、内容贫乏等特点。考生的英语书面表达能力亟待提高。出现这一问题的主要原因是：

（1）有的学生由于答题时间分配不合理，最后匆匆忙忙，拿笔就写，缺少对所给材料的整体分析和段落编排，读来给人思路混乱、布局随意之感，自然得不到高分。

（2）有的学生审题不够仔细，未通读要求，以致因不明确文章体裁而导致措辞、人称、时态等方面出现错误。此外，有的学生会漏写要点，或者部分内容太空洞，言之无物，不符合题意。

（3）虽然在平时学了大量有用的句法结构，甚至有的学生能熟背这些句型，但由于平时并不注意练习，缺少造句意识，在考试时就难以得心应手地应用。第一，缺乏应用意识。例如，it句型是英语中最常用的一种句型，教师平时讲解也很细致，但是由于缺乏应用的意识，有的学生不能把it句型从记忆

库中调出来。第二，结构把握不扎实。例如there be句型大家都很熟悉，但习作中经常出现错误。主要是由于句子结构把握不扎实，导致句义不完整。有的教师干脆叫学生不要用这种句型。第三，表达不简练。有的学生在学了一些较复杂的语法结构之后，通篇都在尝试使用复杂的语法结构，本可简单化的句子表达得很复杂，反而使篇章结构不够简洁，句意不清。第四，行文松散，缺少有效过渡词，没有谋篇意识。高分作文都有一个共性，就是有效地使用了语句间的连接成分，使全文结构紧凑。文章的连贯性和紧凑感是很重要的。句子作为一种表达意思的语言单位，如果只是被随意地整合，是无法达到有效表达的目的的。

（4）“小问题”过多。常见的主要是书写问题，例如大小写不分、涂改过多、卷面太满等。或是字数太少，明显可见表达能力不足。又或是不够自信，落笔轻飘潦草。

二、提高英语书面表达能力的有效方法

新课标在语言技能目标中对达到选择性必修即高考水平的表达性技能的要求是：①以口头或书面形式描述、概括经历和事实；②以口头或书面形式传递信息、论证观点、表达情感；③通过重复、举例和解释等方式澄清意思；④运用语篇衔接手段，提高表达的连贯性；⑤根据表达意图和受众特点，有意识地选择和运用语言；⑥根据表达的需要，设计合理的语篇结构；⑦在书面表达中有目的地利用标题、图标、图表、版式、字体和字号等手段有效地传递信息、表达意义。概括起来包括两个方面：一是对语言的要求，即语言正确、语句通顺；二是对思维的要求，即条理清楚、合乎逻辑，并有一定的创造性。

笔者认为，要有效地提高学生的英语写作能力，进而提高其英语写作水平，必须从训练学生的基本功入手。教师在教学过程中要注重扩大学生的词汇量，不但要掌握词义，而且要懂得运用。同时，遣词造句是写作的基础，只有写出地道的句子，才有可能把文章写好。教师要强化学生的语法意识和

篇章意识，提高学生遣词造句和组段谋篇的能力，重点从“词—句—篇”的不同层面对学生的英语写作技能进行系统的指导和训练。提高学生的书面表达能力要遵循以下三个原则。

（一）遣词原则

在高考英语书面表达中，许多考生运用单调的词语、重复的句式，以致语言平淡、不能赢得高分。例如，一碰到“非常”就用“very”；一遇到“我认为”，只会用“I think”；一想到“好”，只知道一个“good”。仅仅记住几个简单基础的单词，而且一味地重复低水平的英语知识点，远远达不到大学的入学要求。事实上，英语的词汇和句式非常丰富。要使英语书面表达出彩，有力的一招便是词汇的灵活多变。这就要求学生在平时的训练和考试当中，有意识地强化“复杂、高级”这两个概念，使自己的作文区别于普通学生的作文，使自己一下子就站在一个比别人高的位置上，充分显示自己的实力。因此，在平时的学习过程中要注意总结各种各样的词汇。例如，英语中的“好”，除“good”外，还有fine、nice、great、excellent、wonderful、terrific、fantastic、splendid、extraordinary、outstanding、incredible、amazing等多种表达方式。在英语中表示“大”，常用词语有十几个，例如“Although sciencc has made enormous steps in making more food fit to eat, it has, at the same time, made food unfit to eat.”一句中的enormous，“A tremendous explosion broke out.”中的tremendous。

（二）造句原则

好的英语句子能够生动、形象、准确地表达内容。所以要想写出漂亮的作文，必须从写好句子开始，注重必备知识——基本句型的训练。英语属于结构语言，它有自己的固定短语、固定搭配、基本句型等，这些都是不可变的。例如强调句型、there be句型、非谓语结构、被动语态等。要想在写作中用上它们、用好它们，必须加强这方面的基本训练。

同时，纵观高考书面表达的基础写作和高分作文，句式并不复杂，大部分以简单句为主。从所用的词汇及句式方面看，80%以上是课本中所出现的。而且，几乎所有的英语句型都是五种基本句型的扩大、延伸或变化。因此，训练学生“写”的能力，就要抓住五种基本句型结构的训练，让他们把这五种基本句型记牢，不断运用。实践表明，多数考生在写作上的主要欠缺不是系统的写作理论和方法，而是最基本的单句写作能力。评卷的教学建议也反复强调，要夯实词句基础，加强词汇教学和复习，加强句子结构训练，掌握固定句型，写好单句。写好单句是英语写作的基础。因此，碰到屡写屡犯的“顽疾”，可以集中强化训练和复现应用，利用翻译、改错、改写、转换句型等不同形式的练习将句法结构内化，以降低这类句型的错误率。例如，there be句型是历次写作考试中使用频率最高且出错率最高的句型，该句型并不复杂，但是学生总是写成“There is a lot of people pay no attention to the environment.”这样的句子，究其原因，还是学生受中文干扰，基本功不扎实，训练不充分。只有夯实语言基础知识，创造条件多练，在练习中熟悉词汇，掌握句型，重视和巩固知识的积累，学会there be结构、主谓结构、系表结构、并列结构、强调结构等的合理运用，并有意识地在平时的书面表达训练中使用这类句式，才能产出优秀的作文句子。

（三）谋篇原则

首先，好思维决定好文章。英语的读写任务要求学生能根据陈述的内容写出自己的观点、感想、看法、理由、评论等。但是很多学生的表达缺乏逻辑、句意不明、条理不清，没有自己的思想和观点。教师在平时的阅读讲评中要有意识地引导学生找出一些典型段落的主题句、展开句，以及段落中的主题句与展开句之间的关系，让他们边欣赏边形成写作全局观念和“骨架”概念，做到心中有提纲，主次分明，养成先拟好各段的主题句，再依次按细节展开的写作思维。教师在平时的教学中要强化篇章结构规范训练，强调按要点顺序构思、分段，每段尝试使用主题句或直接回应各写作要点。可以通过让学生明确写作目的，围绕写作目的确定写作要点的详略，或将自己的作文与优秀作文反复对比来提高语篇意识和谋篇能力。

例如，以“书该不该买”为主题发表看法，并包括如下要点：

①有些人认为书应该借来看，这样既可以充分利用公共资源，又可以节约；

②有些人认为书应该买来看，这样才会更方便；

③阐述你自己的看法并说明理由。

通过分析，我们可以知道，这属于对立观点式写作。我们可以构建这样的写作模板。

Many people choose to borrow books from libraries.For one thing, ______________________. For another, __________________________.

However, others argue that the advantages for buying books are more obvious. Firstly, ________________________. Secondly, ________________________. Finally, _______________________.

I think ____. As for tutoring books and textbooks, I prefer ____.

同时，在模块复习时，还可以回归课本，引导学生分析篇章和段落的结构，培养逻辑思维。例如，人教版新教材必修三第一单元阅读语篇“Why Do We Celebrate Festivals?”，文本结构清晰，共有五个段落，每一段句首都有中心句。文本中每一段的字里行间都隐含了对“我们为何庆祝节日”这一问题的阐释，需要学生仔细揣摩、提炼和推理。人教版新教材必修二第一单元阅读语篇“From Problems to Solutions”，这是一篇记叙事件发展过程的叙事文本，作者按照时间顺序记叙了问题的产生和解决过程：问题提出（第一段）—问题分析（第二段）—问题解决过程（第三、四段）—问题解决的结果（第五段）—意义与启示（第六段）。此外，还有“Nelson Mandela—A Modern Hero”“Working the Land”，这些阅读语篇是具有记叙性质的人物传记，这类文章往往从人物所处的时代背景、生平大事、成就和评价等方面按时间顺序来组织文章。学生写作逻辑思维和创造思维的养成不是一蹴而就的。在教学中，教师要有意识地培养学生发现问题、分析问题、解决问题的能力。在此基础上，学生才能拥有深度的表达能力。人教版新教材的话题贴近高中学生生活，贴近社会，容易激发学生的真情实感，让学生有话可说。学生可以从实际出发，表达自己真实的、积极向上的感受。

其次，行文流畅是润滑剂。书面表达的评分标准中明确规定“篇章连贯”为评分时应注意的主要内容之一。在“各档次的给分范围和要求”中，也提到了“连贯性”的问题。可见，文章的连贯性和紧凑感是很重要的，句子作为一种表达意思的语言单位，如果只是被随意地整合，是无法达到有效表达的目的的。优秀的书面表达都有一个共性，就是有效地使用了语句间的连接成分，使全文结构紧凑。

通过分析英美人的行文方式，我们不难发现要组织一段通畅的英文，构建每一个句子时，要服从以下三个标准：①The topic of each sentence mustn’t be changed；②The subject of each sentence has to be changed；③The beginning of each sentence should be changed。有些句子的主题、主语和开头可能是同一结构，但并非总是如此。如果在一段文章中，每句话的主题、主语和开头都是同一结构，便显得思维贫乏。事实上，每个句子的主题都不能脱离整段的主题，每个句子的主语会因叙事的不同而不同。流畅的段落每一个句子的开头一般是不同的。因此，在一段英文中，句子的主题不能变，句子的主语必须变，句子的开头应该变。

正如许多人所认识的那样，要使作文行文连贯、条理清楚，就要适当地使用连接成分，其中包括连词、副词、话语标志、用作状语的介词短语和部分独立结构。常用的连接成分可以划分为以下16类：表示引出话题，列举，解释，转折，原因，结果，对比，情感态度，补充或递进，个人观点，时间，顺序，平行、对等或选择，方位，强调，总结。此外，段落之间也可用过渡词或过渡句。表示社会现实引入可用“With the development of science and technology, the world is changing rapidly every day.”；表示普遍真理引入可用“It goes without saying that.”；表示相关数据引入可用“According to a recent survey”。很多连接成分具有多方面的功能，在写英语作文时，要合理运用。同时，在写作中切忌连接词语的堆砌，不能因文害义。

三、结语

英语书面表达的训练是综合能力的训练，需要综合考虑词汇、句子和篇章结构，书面表达能力的提高离不开语言能力和思维能力的协调发展。只有遵循以上三个原则，多读多练，坚持不懈，熟能生巧，才能做到表达清楚且衔接自然、语言生动且富有创意，才能达到“下笔如有神”的写作境界。同时，教师还需要注意培养学生的写作兴趣和积极性，让他们在轻松愉快的氛围中提高自己的书面表达能力。

第四节

主题语境视域下新人教版高中英语教材文化内容研究

新课标提出“注重在发展学生英语语言运用能力的过程中，帮助他们学习、理解和鉴赏中外优秀文化，培育中国情怀，坚定文化自信，拓展国际视野，增进国际理解，逐步提升跨文化沟通能力、思辨能力、学习能力和创新能力”[①]，体现了文化教学在高中英语教学中的重要性。

“根据课程标准编写的英语教材是教师实施教学的重要材料和依据，也是学生语言输入的主要来源”[②]。英语教材的文化内容反映了时代要求，体现了“为谁培养人”“培养什么人”以及“怎么样培养人”的核心问题，因此分析教材中的文化内容，有利于指导教师的“教”和学生的“学”，为英语文化教学提供参考，提高学生讲好中国故事的跨文化交际能力，摆脱“中国文化失语”现象。

本研究依据新课标提出的三大主题语境具体内容范畴，选用新人教版高中英语必修一至必修三教材，从人与自我、人与社会、人与自然三大主题语境内容中探索其文化内容，帮助一线教师更好地理解和使用教材，并更科学地开展教学活动。

---

① 中华人民共和国教育部．普通高中英语课程标准（2017年版2020年修订）[M]．北京：人民教育出版社，2020.

② 程晓堂，康艳．中小学英语教材编写的若干问题探讨[J]．课程·教材·教法，2009．29（3）：39–45.

一、主题语境的范畴

新课标描述了学生在普通高中英语课程中应学习的三大主题语境的内容要求，其中三大主题语境为人与自我、人与社会、人与自然。在这三大主题语境中，人与自我涉及“生活与学习”“做人与做事”等2个主题群下的9项子主题；人与社会涉及“社会服务与人际沟通”“文学、艺术与体育”“历史、社会与文化”“科学与技术”等4个主题群下的16项子主题；人与自然涉及“自然生态”“环境保护”“灾害防范”“宇宙探索”等4个主题群下的7项子主题。本研究基于新课标提出的普通高中英语课程主题语境内容要求，分析在各项主题语境范畴中新人教版高中英语必修一至必修三教材的文化内容分布，探讨新人教版高中英语必修教材所包含的语境范畴是否与新课标中所描述的语境范畴存在一致性。

二、研究设计的路径和方法

本研究选取新人教版高中英语必修一至必修三教材为研究对象，各册的单元内容编排依次为Listening and Speaking、Reading and Thinking、Discovering Useful Structures、Listening and Talking、Reading for Writing、Assessing Your Progress、Project、Video Time，对每个版块中体现文化主题内容的主文章和小文章进行统计，而后基于新课标提出的英语课程主题语境内容要求，归类统计，分析其分布，并利用SPSS 26.0软件进行描述性统计，分析必修一至必修三教材文化主题内容的离散程度，以判断新人教版高中英语必修教材所包含的语境范畴是否与新课标中所描述的语境范畴存在一致性。

三、研究结果的对比和分析

笔者基于新课标提出的英语课程主题语境内容范畴，探讨新人教版高中英语必修一至必修三教材的文化内容，从而得出新人教版高中英语必修一至必修三的文化主题内容的分布特点。

（一）基于课程标准的主题内容对比

普通高中英语课程主题语境分为三大类：人与自我、人与社会、人与自然。基于课程标准的文化主题内容的分析体现了三个维度：人与自我文化主题内容分析、人与社会文化主题内容分析、人与自然文化主题内容分析。

1.人与自我文化主题内容对比

通过对必修一至必修三教材中人与自我范畴的文化主题内容的分析，笔者发现必修二和必修三教材中人与自我主题内容的文化分布较少，而必修一教材相对分布较多，共有10处，讨论了中外青少年在学习、生活、人际等方面的状况及所遇到的问题，帮助学生以积极阳光的心态规划未来的学习和生活，成就更好的自己；还探讨了语言发展和语言学习，使学生了解汉字对传承和发展中国文化的重要意义，培养学生的语言意识，使学生掌握和思考英语学习的规律与方法，使学生意识到在人类命运共同体的背景下，学习外语既是时代的召唤，也是时代赋予的使命。“教育是人自我建构生成的交往实践活动”①，而教材是该实践活动的载体。高中英语必修一教材作为学生开启高中学习生活的“启蒙教材”，犹如衣服的第一颗纽扣，更需落实立德树人的根本任务，促进学生的自我实现。

2.人与社会文化主题内容对比

通过对新人教版高中英语必修一至必修三教材人与社会文化主题内容的分析，笔者汇总了其文化内容分布（见表2-1），以方便进一步分析。

① 岳伟. 促进人的自我实现：一种新的教育目的观［J］. 南京师大学报（社会科学版），2008（1）：79-84.

表2-1　人与社会文化主题内容分布汇总

主题群	子主题	必修一	必修二	必修三
社会服务与人际沟通	良好的人际关系与社会交往	1	0	0
	公益事业与志愿服务	1	0	1
	跨文化沟通、包容与合作	1	1	1
	总计	3	1	2
文学、艺术与体育	小说、戏剧、诗歌、传记、文学简史、经典演讲、文学名著等	4	3	8
	绘画、建筑等领域的代表性作品和人物	1	1	0
	影视、音乐等领域的概况及其发展	0	3	0
	体育活动、大型体育赛事、体育与健康、体育精神	5	0	0
	总计	10	7	8
历史、社会与文化	不同民族文化习俗与传统节日	1	2	7
	对社会有突出贡献的人物	1	0	2
	重要国际组织与社会公益机构	2	2	0
	法律常识与法治意识等	0	0	0
	物质与非物质文化遗产	1	7	0
	社会热点问题	2	0	1
	重大政治、历史事件，文化渊源	0	1	3
	社会进步与人类文明	1	0	0
	总计	8	12	13
科学与技术	科技发展与信息技术创新，科学精神，信息安全	0	7	0
	总计	0	7	0
总计		21	27	23

通过表2-1可以发现，新人教版高中英语必修一至必修三教材人与社会范畴的文化主题内容分布呈现如下特点。

（1）从总体上看，教材主题各有侧重。

在人与社会主题语境中，新人教版高中英语必修一教材较为侧重“文学、艺术与体育”主题群（必修一21处中共有10处涉及），必修二和必修三较为侧重“历史、社会与文化”主题群（必修二27处中共有12处涉及；必修三23处中共有13处涉及）。其中必修一聚焦于“体育活动、大型体育赛事、体育与健康、体育精神”子主题（10处中共有5处涉及），必修二侧重于“物质与非物质文化遗产”子主题（12处中共有7处涉及），必修三更关注“不同民族文化习俗与传统节日”子主题（13处中共有7处涉及）。侧面反映了新人教版高中英语教材较为重视在语言学习中渗透文化内涵，突出多元文化视角，帮助学生形成文化意识，增强国际理解力，培养学生成为具有中国情怀和国际视野的时代新人。

（2）从具体上看，教材主题内涵丰富。

必修一教材侧重于“文学、艺术与体育”主题群（21处中共有10处涉及），其中对“体育活动、大型体育赛事、体育与健康、体育精神”子主题较为关注（10处中共有5处涉及），不仅描述了“铁榔头”郎平的团队合作精神和迎难而上的坚定决心，也介绍了“飞人”乔丹不畏失败、坚持不懈的精神和投身公益事业的热情。一个国内体育明星和一个国外体育明星的布局，拓宽了学生的视野和思维，使学生深刻理解体育精神的内涵，从这些“模范”身上去领会和感悟做人做事的道理，从而形成正确的价值观。

必修二教材更注重于“历史、社会与文化”主题群（27处中共有12处涉及），其中对“物质与非物质文化遗产”子主题更为关注（12处中共有7处涉及），探讨了泰山文化遗产保护、敦煌莫高窟文物保护、埃及文化遗产保护等，使学生全面了解中外文化遗产的历史与现状，以及目前面临的问题与保护措施，让学生在了解的基础上，结合自己的生活，积极思考如何开展文化遗产保护，并付诸行动，培养学生的社会责任感。此外，必修二教材也聚焦于“科学与技术”主题群（27处中共有7处涉及），涵盖了网络在日常生活中的应用，以及中国在互联网领域的重要发展，使学生能了解互联网的利与弊，正确合理地使用互联网进行学习和社会交往。21世纪是信息时代，在互联网极大地方便了人们生活的同时，网络信息安全、网络欺凌、网络诈骗等侵害网民人身和财产安全的问题也暴露了出来。因此，在高中教育阶段，增强学生的防护意识，让学生学会安全上网具有现实意义和长远意义。

必修三教材侧重于“历史、社会与文化”主题群（23处中共有13处涉及），其中对“不同民族文化习俗与传统节日”子主题更为关注（13处中共有7处涉及），介绍了中外不同节日的文化信息，包括名称、起源、庆典活动、特色食品等，使学生了解不同文化背景下形成的不同民族的节日、风俗习惯及其内涵和意义。了解多元文化现象，挖掘节日文化所体现的人类共同的愿望和心理诉求，能够深入探讨和反思社会的发展对传统节日的影响。同时，学习不同国家和民族的节日，不仅能开阔学生的视野，增加文化积累，促进语言表达，为传播中华优秀传统文化做好思想上、语言上和行动上的准备，还能增强学生的文化认同感，提升文化鉴别能力。另外，必修三教材也注重于“文学、艺术与体育”主题群（23处中共有8处涉及），且聚焦于“小说、戏剧、诗歌、传记、文学简史、经典演讲、文学名著等”子主题（8处中共有8处涉及），主要通过马克·吐温和莫泊桑的作品，使学生了解19世纪末20世纪初英国、美国、法国等西方资本主义国家的文化背景、社会状况、道德观念等，启发学生深入思考金钱的价值，树立正确的金钱观和价值观。

3.人与自然文化主题内容对比

通过对新人教版高中英语必修一至必修三教材中人与自然范畴的文化主题内容的分析，笔者汇总了其文化内容分布（见表2-2）。

表2-2　人与自然文化主题内容分布汇总

主题群	子主题	必修一	必修二	必修三
自然生态	主要国家地理概况	5	0	0
	自然环境、自然遗产保护	0	3	0
	总计	5	3	0

续表

主题群	子主题	必修一	必修二	必修三
环境保护	人与环境、人与动植物	0	6	2
	人类生存、社会发展与环境的关系	0	0	1
	总计	0	6	3
灾害防范	自然灾害与防范，安全常识与自我保护	6	0	0
	总计	6	0	0
宇宙探索	自然科学研究成果	0	0	1
	地球与宇宙奥秘探索	0	0	5
	总计	0	0	6
总计		11	9	9

通过表2-2可知，在人与自然文化主题内容上，必修教材的侧重点非常突出。必修一教材在人与自然主题范畴中较集中于“自然生态”主题群（11处中共有5处涉及）和“灾害防范”主题群（11处中共有6处涉及），其中聚焦于“主要国家地理概况”（5处中共有5处涉及）和“自然灾害与防范，安全常识与自我保护”子主题（6处中共有6处涉及），不仅介绍了中国和秘鲁等国家的著名景点和文化特色，注重培养学生的爱国情怀，拓展国际视野，树立文明意识，避免旅行中的各种不恰当行为，而且从历史事件的角度使学生了解中外所遭遇的重大自然灾害，在学习过程中增强防灾意识以及自我保护意识，让学生了解和掌握一些与自然灾害相关的安全常识和防范措施。

必修二教材较为侧重“环境保护”主题群（9处中共有6处涉及），且关注于“人与环境、人与动植物”子主题（6处中共有6处涉及），探讨了中外野生动物的生存状况和所面临的问题，使学生了解中外野生动物保护的不同策略、方式和问题解决方案，提高保护野生动物和保护环境的意识，树立“人与自然和谐共处”的理念。

必修三教材更注重于“宇宙探索”主题群（9处中共有6处涉及），其中聚焦于“地球与宇宙奥秘探索”子主题（6处中共有5处涉及），让学生了解我国太空探索的历史成就以及最新发展，积累天文百科知识，提高科学素养，同时学习科学家和宇航员们不畏艰险、勇于探索的精神，增强文化自信和民族自豪感。

（二）基于课程标准的主题内容分析

为了让读者对新人教版高中英语教材文化主题内容有一个更直观的认识，笔者绘制了必修一至必修三教材的三大主题语境文化内容汇总图（见图2-1）。

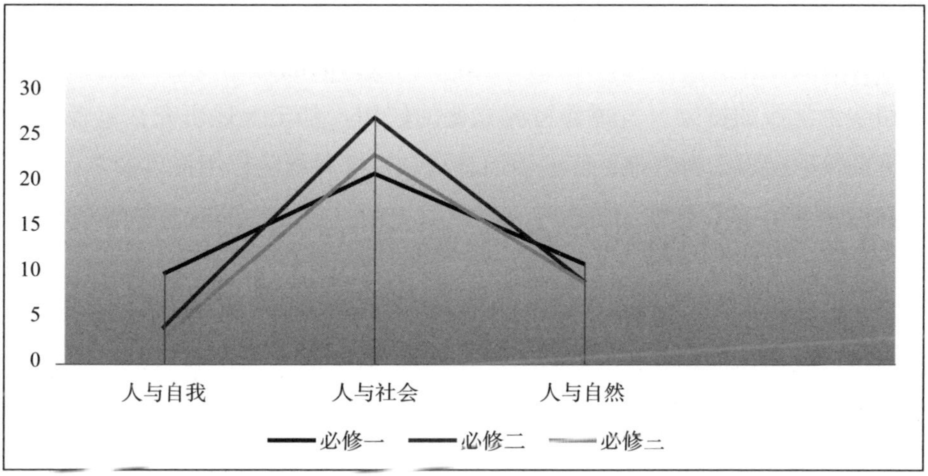

图2-1　必修一至必修三教材三大主题语境范畴汇总图

然后，笔者使用SPSS 26.0软件对必修一至必修三教材的三大主题语境具体内容呈现的次数进行描述性统计（见表2-3），其中N表示新课标所规定的三大主题语境内容要求的数量。通过表2-3可发现必修一、必修二、必修三的方差分别为3.125、4.080、4.072，说明必修一至必修三教材涉及的文化主题内容离散程度较大，涉及的主题语境内容范畴较广，与新课标中所描述的语境范畴存在一致性，有利于开阔学生的文化视野，增强国际理解力。

表2-3 必修一至必修三教材的三大主题语境具体内容呈现次数的描述性统计

	N	范围	最小值	最大值	合计	均值	标准偏差	方差
必修一	32	6	0	6	42	1.31	1.768	3.125
必修二	32	7	0	7	41	1.28	2.020	4.080
必修三	32	8	0	8	37	1.16	2.018	4.072

四、教学启示

新时代英语教材承载的文化使命是培养和发展学生立足中国文化立场，理解和欣赏世界多元文化，用英语讲好中国故事的能力[①]。教材是连接教师教学和学生学习的桥梁，发挥着铸魂立德的作用。基于上述研究，笔者提出以下两点教学启示，为教师更好地使用教材和发挥教材的作用提供参考。

（一）深化主题内容，推动深度教学

“新教材十分重视引导学生对主题意义进行探究”[②]，教师在教学中要注重围绕具体语篇所提供的主题语境，基于新课标的学业质量要求以及学情，引导学生探讨主题文化内涵，深化学生对主题文化内容的认识，且需因地因势制宜，充实主题意义探究素材，推动深度教学在课堂的落地。例如，探究必修二第一单元“Cultural Heritage”的主题意义时，可采取群文阅读的方式，补充中国非物质文化遗产保护的语言素材，使学生学会辩证地分析中国文化遗产保护所面临的问题，并基于问题提出合理的解决方案，参与中国文化遗产保护的行动，培养公民责任意识，推动深度教学的产生。

（二）坚持学创一体，增强文化输入与输出联动

Krashen认为，语言输入必须遵循“i+1”原则，也就是语言输入的材料

① 郭宝仙. 新时代英语教材的文化使命及其实现路径［J］. 课程·教材·教法，2020，40（9）：102–107.

② 张献臣. 人教版高中英语新教材使用中出现的主要问题分析与教学建议［J］. 英语学习，2020（10）：9–13.

既不能远远超出学习者现有的水平，也不能低于或等同于其现有的水平，只能略高于其现有的水平，即“i+1”的水平，且语言输入的材料需具有以下特点：可理解性（Comprehensible），既有趣又相关（Interesting and relevant），非语法程序安排（Not grammatically sequenced），足够的输入量（Sufficient “i+1”）。而Swain认为仅仅可理解性输入，不足以帮助学习者习得语言，第二语言学习者需要有输出的机会①。用是学的目的，学是达成产出目标的手段。教师需坚持英语学习活动观，在学习理解类活动中完成文化元素输入活动，梳理语言和文化知识；在应用实践类活动中内化文化知识，加深对文化知识的理解；在迁移创新类活动中完成文化元素输出任务，形成文化输入与输出的学习闭环。

综上所述，本节基于新课标，从三大主题语境的角度分析了新人教版高中英语必修一至必修三教材的文化内容。通过研究，发现必修一至必修三教材更聚焦于“人与社会”主题群，突出了多元文化视角，文化主题内容离散程度较大，涉及的主题语境内容范畴较广，与新课标要求的主题语境具体内容范畴基本一致。基于以上研究结果，教师在教学时应贯彻单元整体教学，深化主题内容，推动深度教学；且应坚持学创一体，践行英语学习活动观，增强文化输入与输出联动。

（注：本人所带硕士研究生广东技术师范大学黄秀芳同学参与了本文的资料收集和撰写工作）

① JOHNSON K. An introduction to foreign language learning and teaching [M]. Beijing: Foreign Language Teaching and Research Press, 2002.

第五节 国际理解教育在高中英语写作教学中的实施

一、研究背景

国际理解教育是指中小学依据国家教育政策文件，参考国际相关文件和经验做法，为培养学生跨文化理解和交流能力，拓展学生国际理解视野，提高学生发展核心素养，帮助学生树立人类命运共同体意识而面向全体学生组织开展的各类相关教育教学活动。当前，推广国际理解教育，有助于传播中国特色社会主义先进文化，增强文化自信，推动“一带一路”建设和构建人类命运共同体，培养学生的国际主义精神和世界公民意识。因此，高中英语教学应顺应时代的需求和新课标的要求，将语言学习和国际理解素养及学生英语核心素养的培养结合起来，培养学生的中外人文交流能力，讲好中国故事的能力、独立思考与思辨能力、分析问题和解决问题的能力。

鉴于此，我们成立了国际理解教育课程研发团队，探究适合学情的国际理解教育实施路径。本节将探讨实施国际理解教育的重要性，并分析实施国际理解教育所存在的问题，且结合典型的教学课例，将国际理解教育理念融入英语教学实践中，启发教师成为教学改革的推动者和实践者，进而推动国际理解教育理念在英语教学中的应用和推广。

二、实施国际理解教育的重要性

（一）国际理解教育的政策依据与实施路径

2020年6月，教育部等八大部门联合印发的《关于加快和扩大新时代教育对外开放的意见》明确提出“在基础教育领域，将加强中小学国际理解教育，帮助学生树立人类命运共同体意识，培养德智体美劳全面发展且具有国际视野的新时代青少年”，着眼加快推进我国教育现代化和培养更具全球竞争力的人才。《普通高中英语课程标准（2017年版）》提出“培养具有中国情怀、国际视野和跨文化沟通能力的社会主义建设者和接班人”。2019年新修订的人教版普通高中英语教科书通过展示多姿多彩的中外文化来培养学生对中华文化的认同和传承，加深对人类优秀文化的学习和鉴赏；通过让学生分析中外文化异同，发展其多元思维和批判性思维，增强学生跨文化理解和跨文化沟通能力，构建人类命运共同体意识。因此，从国家教育政策的颁发、新课标的要求以及新教材的修订中，我们不难看出，我国越来越重视对具备全球视野和国际理解素养的国际公民的培养，国际理解教育的发展顺应了国际发展趋势。

在多年的教学实践中，我们在现有学科课程中开展融合渗透教学，融合国际理解教育的核心理念，探索总结出“六环一步”常规课堂模型，包括自主学习探究、交流分享展示、问题互动研讨、精讲点拨释疑、多元评价促学、总结提升迁移。其中，自主学习探究及问题互动研讨有利于培养国际理解教育理念，倡导学生主动学习的习惯，激发学生的问题意识，进而发展学生的多元思维和批判性思维，而交流分享展示则通过思维的碰撞和交流，培养国际理解素养中学生的跨文化理解和跨文化沟通能力。

（二）基于大观念的单元整体教学设计

从学科本质看，大观念是反映学科本质的核心知识、思想和价值。Whitelcy认为，大观念是理解的基础，是联结碎片化知识点的有意义的模式[①]。大观念可以理解为从零散概念中统整或提炼出来的上位观念，将有限的、深层次的重要观念进行有意义的联结，共同构成学科的连贯整体。从课程内容看，大观念是联结教学内容的核心概念架构。从过程与方法看，大观念是“统摄教与学过程的原则和方法”[②]。李刚、吕立杰指出，大观念是教学设计的核心与基础，它指导教师从更上位的视角出发，整合教学内容，规划教学和评价活动[③]。

在基于大观念的单元整体教学设计实践中，首先，我们倡导教师应从课程大观念出发，明确单元设计的指导思想，阐述单元教学的核心理念。其次，教师应从课程内容视角，研读单元全部内容，提炼单元大、小观念，搭建单元整体框架图，确定单元教学目标。此外，教师应围绕具体语篇，梳理结构化知识和语言重点，确定课时教学目标。最后，教师应基于大观念对单元内课时目标进行整体规划，并基于规划设计各语篇的教学活动，引导学生从不同侧面探究主题意义，建构小观念并逐步形成单元大观念。

三、实施国际理解教育存在的问题

为进一步了解目前高中学生对国际理解教育的认识和需求，我们对高中生进行了一次国际理解教育现状问卷调查，并对个别高中英语教师随机开展了结构化访谈。数据显示，当前基于国际理解教育的英语教学存在以下问题。

（一）国际理解教育的片面化

当代中学生较少关注国际事件，浅尝辄止地了解教材中涉及的英美传统节日的历史，不理解英语成语和俗语的文化内涵，未能以全球心态与开放意

---

① MAREE W. Big ideas: a close look at the Australian history curriculum through a primary teacher’s lens［J］.Teaching History,2012,46(3).

② 王蔷，周密，蒋京丽，等. 基于大观念的英语学科教学设计探析［J］. 课程·教材·教法，2020，40（11）：99−108.

③ 李刚，吕立杰. 国外围绕大概念进行课程设计模式探析及其启示［J］. 比较教育研究，2018，40（9）：35−43.

识去了解文明进程与世界动态，未能进一步尊重文化多元与差异，较少关注全球性挑战。部分学生对自己在国际责任中的定位不清晰，不明确自己能为国际事务做出什么贡献，对国际责任没有充分的理解。

教师对国际理解教育有一定的认识，但是理解较为狭隘。对于如何正确在单元的相关话题中科学地展开国际理解教育尚不清晰，因此最后也未能对国际理解教育的建设提供有效的实施措施和可行的建议。同时，教师在推行国际理解教育方面仍然停留在某个课时中文化的简单渗透，有时候甚至为了课时进度直接把某些课时中与国际理解教育内容相关的知识和活动去掉或简化掉。目前高中英语教材存在着大量国际理解教育内容，在教学过程中虽然也有渗透跨文化教育，但还是存在渗透不全面的问题。在教学中，国际理解教育是孤立的、分散的、碎片化的、没有系统的，国际理解教育内涵和目标没有得到落实。

（二）教师成长的关键问题

1.英语教学的渠道有待拓宽

现代信息技术不仅为英语教学提供了多模态的手段、平台和空间，还提供了丰富的资源和跨时空的语言学习和使用机会，促进了英语教学理念、教学方式和学习方式的变革。而在实际英语教学中，教师往往采用传统的教学方法，未能与时俱进，积极关注现代信息技术在英语教学应用领域的发展和进步，利用网络为学生搭建自主学习平台，拓宽国际理解教育教学的渠道。

2.理论素养有待提升

教师的理论素养是指教师对各种教育理论的掌握程度以及将理论与教学实际相结合的能力。在现实中，多数教师认为国际理解教育理念高深莫测，因而敬而远之，教学往往凭借直觉，依赖已有的经验做出教学决策与行动。长此以往，教师理论素养低下，对国际理解教育知之甚少，教学反思只能处于浅层次和低水平的模仿，难以在教学上实现实质性的飞跃。

3.教学评一体化实施困难

完整的教学活动包括教、学、评三个方面。教学评一体化不仅能使教师达成学科育人的目标，让学生将学科知识和技能转化为自身的学科核心素养，也能监控学生的学习过程，检测教与学的效果，实现以评促学、以评促教。而在实际教学过程中，教师还是更注重知识的简单灌输，忽视文化的渗透，忽视国际理解教育的内涵，更缺少相关的课堂评价活动。

四、实施国际理解教育的高中英语写作教学实践

为了给国际理解教育在中学阶段的推行提供真实案例，本案例基于新课标对于学生综合能力提高的要求，尝试以人教版新教材选择性必修四第四单元写作课为例，将国际理解教育理念融入英语教学实践中，旨在引领学生进行有效的深度学习，在体验、探究和思考中发展核心素养，促进能力向素养转化，进而成为思考的自我表达主体。下面将详细介绍这一整体教学过程的具体实施。

（一）教学内容

该部分以共建人类命运共同体为时代背景，以我国对非洲国家的医疗援助为事例，用同龄人的演讲展现中国方案和中国力量，引导学生立足中国、放眼世界，树立正确的世界观、人生观和价值观。该文本是一篇典型的演讲稿，主题是宣讲我国对其他国家的援助。演讲稿以学生的视角，讲述了一位医生母亲作为我国政府派驻非洲坦桑尼亚的医疗队的一员，开展志愿服务工作的经历。该题材难度适中，主题相关，属全球问题范畴，语言风格一致，符合选材的适切性、相关性和多样性原则。

（二）教学目标及重难点

本单元知识层面的目标是阅读讲述中国对外援助的故事的演讲稿，树立

人类命运共同体意识，书写、传播中国经验。能力层面的目标是能够以演讲稿的形式写出并讲述中国援助其他国家的故事，并联系个人实际发表观点或抒发感情。学生通过了解中国对外援助的故事，增强文化自信，树立人类命运共同体意识。教学重难点是抓住演讲稿的语篇特点和结构特征，完成演讲稿的写作并展示，讲好中国故事，传播中国声音。

（三）教学过程

1.前置作业+课前活动

选取两篇阅读文章，Passage A：Foreign Assistance under Regional Cooperation Mechanism (Excerpt)和Passage B：Helping hand offered (Excerpt)，布置几个问题，让学生在课前对即将要在课堂学习的材料的背景知识有一个了解，激发学习热情和动力。随后课上展示相关视频片段，并提出以下问题：

①What are the main projects of China's aid to Africa?

②What is the speaker's attitude towards China's aid to foreign countries?

③Why do you think China is willing to help other countries and even makes it a policy?

④Do you think it is necessary to assist other countries? Why or why not?

设计意图 通过前置作业呈现多个与中国对外援助相关的语篇和视频片段。在学生现有水平的基础上，整合单元话题内容。学生课前探索，课中师生共同研讨，以便学生能迁移已有的知识和技能，在下一步学习中将时事政治和国际理解教育联系起来。激活学生的民族自豪感、世界公民意识与国际责任感。

2.课中活动

Step 1：Motivating

向学生展示中国援助其他国家的一些图片和一则关于中国援助坦桑尼亚的新闻。然后提出问题：

What kind of aids did China offer to other countries?

设计意图 通过与文本相关的图片和新闻导入话题，提供与文本相关的背景知识，为接下来的学习做铺垫，激发学生的学习兴趣。同时，让学生在时事新闻中体会中国的国家担当，引入人类命运共同体的思想。

Step 2：Enabling

（1）Skimming：要求学生略读全文，找出这篇文章的结构。

（2）Detailed reading：让学生再次阅读文本并回答以下问题：

①What are the problems people face in Tanzania?

②What are things that Bingbing's mother is helping with?

③What are the results?

④What are Bingbing's feelings of her mother's volunteering experience? Any change?

⑤What is the writing purpose?

（3）Read for language features：请学生再次阅读课文，单独找出这篇文章的语言特点，然后报告他们的结果。

Structure	Discourse markers	Way of writing	Function
Rhetorical question			
Answer to the question			
Ending			

设计意图 在问题的引导下，让学生分析语篇的宏观结构，体会演讲类文章的语篇特征。再通过问题链的设置，帮助学生根据演讲稿中的事实和例子，分析演讲者对志愿服务的态度的转变，引导学生思考作者的写作意图和跨国志愿服务的本质意义。再通过表格提示，分析和获取语篇中富有演讲特色的语言，为接下来的写作打好基础。

Step 3：Discussing

（1）Further Thinking：Why is this work worth it?

（2）请学生分组讨论：Do you think students doing volunteer work is of any use? Why or why not?

The needy	
Yourself	

（3）引导学生对演讲的主题进行总结：虽然志愿者可能只是给别人的生活带来了暂时的小变化，但一个社会互相帮助的整体效果可能是相当大的。

设计意图 让学生回顾文本，在情景中提取词汇、归纳总结语篇结构及写作内容。教师创设情景，引导学生围绕中国对外援助的主题，继续探究中国对外援助的意义，体会作者的世界公民意识和国际责任感，实现单元主题意义的升华。同时，积累与主题相关的词块，为接下来的写作打好语言基础。

Step 4：Writing

（1）请学生观看一则关于中国在流行病暴发期间援助巴基斯坦的新闻。然后提出问题：

①What is the news mainly about?

②What did Chincse engineer do in Pakistan?

③What's your feeling after watching the news?

（2）请学生们开始写作。通过平板电脑展示演讲稿的结构和段落中有用的表达方式，供大家参考（不能抄袭）。

Writing

假定你是李华，你们班将举办一场英语演讲比赛，演讲内容是关于中国对其他国家的援助。内容包括：

1.援助内容；

2.援助意义；

3.你的看法。

注意：1.词数100左右；2.可适当增加细节，使行文连贯。

Hello, everyone! My name is Li Hua.____

____

____

Thank you!

设计意图 让学生通过观看中国在流行病暴发期间援助巴基斯坦的新闻，对中国对外援助工程有进一步的了解，同时提升民族自豪感，感悟中国大国担当和国际责任感。拓展学生的国际视野，增强学生的国际责任感和世界公民意识，使学生进一步理解人类命运共同体的内涵，为接下来的写作任务提供背景知识。学生再利用学得的语言、内容、结构、语篇等知识重新进行构建和创作，完成以“中国对外援助的内容与感悟”为主题的演讲稿写作任务。

Step 5：Assessing

（1）向学生们展示检查表。

Checklist	Excellent	Good	So-so	Advice
1. Does the writer use correct structure suitable to a speech?				
2. Does the writer describe the content of China's aid to other countries?				
3. Does the writer talk about the meaning of China's aid to other countries?				
4. Does the writer show his or her feeling to China's aid to other countries?				
5. Does the writer explain how China's aid to other countries has changed his or her life?				
6. Are some of the rhetorical questions included and used properly?				
7. Are there any other mistakes like letters missing, grammar errors, punctuation and so on?				

（2）引导学生尝试根据检查表评价自己和小组成员的写作，然后请他们推荐一个成员向全班展示。

（3）邀请一些学生分享他们的写作，并引导学生分析和讨论如何改进写作。

设计意图 学生在体验、交流和分享中欣赏文章，提升自己的写作水平和思维能力。学生完成初稿后开展自评和互评，每一组选出一份佳作通过平板分享到全班并点评，同时投票精选出几篇最好的范本供学生欣赏。教师抽出其中的一两篇，从高考的评分维度——内容、语言、结构、书写进行评析，实现共同学习。

五、结语

《普通高中英语课程标准（2017年版2020年修订）》颁布实施，将英语的学科素养概括为语言能力、思维品质、文化意识和学习能力，强调英语教学应注重拓展学生的国际视野和思维方式，树立人类命运共同体意识，促进各国间的跨文化交流。因此，英语作为一门集工具性与人文性于一体的语言类学科，不仅强调语言的听说读写译技能，也重视在语言学习中的思维培养和跨文化意识。而国际理解教育也倡导我们应立足本国文化，讲好中国故事，同时以开放包容的态度理解他国文化，建设人类共同的美好未来。本案例不以知识传授为主要目的，侧重学生态度和能力的培养。我们将进一步在基础教育领域，加强中小学国际理解教育，帮助学生树立人类命运共同体意识，培养德智体美劳全面发展且具有国际视野的新时代青少年。

（注：广州中学洪初兰老师提供本文课例并参与撰写）

第三章

英语教学方法的纵向提升

教无定法，终须有法。教师个性化教学方法的凝练与建构，多是从两大维度进行考量：一是根据内容的不同做出适切的选择，二是根据学情的差异做出适当的调整。但这种选择与调整，都应该立足于自身对于课堂的认知，也就是我们到底想要建构什么样的课堂。方法肯定是要为知识学习服务的，但这不是全部，更不是目标。之所以强调对方法的重视，是因为对于学生素养的培育和能力的习得必须通过方法才可能得以实现。所谓“授之以鱼，不如授之以渔”，在一定程度上强调的就是方法的重要性。

第一节
基于过程体裁教学法的高中英语单元主题写作教学策略

一、引言

在听说读写四项技能中，英语写作一直是教与学的难点。Swain指出，在听说读写四项技能中，英语写作对于许多外语学习者而言是最为困难的[①]。写是运用语言传递书面信息的手段，要求语言文字精确，要求文字通顺、结构严谨、格式正确、文体合适。这就要求学生具有较强的思维能力和表达能力。要写出动人的篇章，一定得有较好的语言基本功、逻辑思维和创造性思维能力，还要有丰富的想象力。尽管教师和学生在写作学习方面做了很多努力，但英语写作仍然属于薄弱环节，即便是英语综合水平相对较高的学生，写作状况也不容乐观。虽然课程标准对英语写作提出了九个级别的技能目标要求，但并没有设计循序渐进的写作知识体系。而新高考改革不仅对教师的写作教学提出了新的要求，也为学生的写作学习带来了新的挑战，要求我们找到一套有效的写作教学思路和有实际操作性的教学方法。

二、过程体裁教学法

Richard Badger和Goodith White提出了“过程体裁法（the process-genre

① 曹敏. 高中生英语写作的问题与对策：一项基于语料库的研究［J］. 课程·教材·教法，2010，30（10）：69-73.

approach）”。这一综合性的写作教学模式结合了结果教学法、过程教学法和体裁教学法的优点，将写作的语言知识、语境知识、写作目的和写作手段等要素调动在一起，“揭示出写作过程不再是一个单纯的个人行为，它是一个个人与个人、个人与他人、人与文本、人与社会多方位的互动过程”①。结果教学法可以增强学生的语言知识，从写作内容和遣词造句等方面丰富学生的头脑；过程教学法可以加强学生的写作技巧，从语言形式和写作程序上培养学生良好的写作习惯；体裁教学法可以从写作目的和语言功能等方面培养学生的语篇建构能力。换句话说，过程体裁教学法就是教师给学生提供所需语言知识和写作技巧，指导学生从特定的情境出发，从而完成特定语篇的一系列程序。

过程体裁教学法具有以下几个优势：第一，过程体裁教学法强调将写作活动置于特定的语境中，突出体裁的结构，认为写作是一种社会交际活动，使学生意识到教师不再是唯一的读者。第二，过程体裁教学法重视对写作过程的指导，重视思想内容的挖掘，有利于学生了解写作需要经历的几个步骤，如起草、初稿、修改和重写等，同时也能帮助学生理解自己所经历的写作过程。第三，过程体裁教学法有利于教师转变传统的课堂垄断者的角色，教学活动以学生为中心，有利于激发学生的自主意识。第四，过程体裁教学法重视阅读在写作教学中的作用，不但为学生提供一定的写作素材，从而保证书面表达的语言质量，而且还有利于提高学生的英语综合写作能力。第五，过程体裁教学法重视反馈和修改，反馈可以来自教师和同伴以及学生自己，学生通过多次修改可以提高自己的写作水平。

三、应用过程体裁教学法对高中英语单元主题写作教学的意义

许多教师对过程体裁教学法缺乏系统、科学的认识，不能领会何为过程

① 周雪，陈冠英. 中学英语写作教学探索：过程教学法，体裁教学法，过程-体裁教学法在中学英语写作教学中的运用［J］. 基础教育外语教学研究，2003（10）：26-28.

体裁写作，导致学生的写作水平停滞不前。因此，研究运用过程体裁教学法，对促进高中英语写作教学，提高学生的写作水平是很有必要的。

在高中英语单元主题写作教学中借鉴过程体裁教学法，通过示范分析、模仿分析、技巧训练、独立创作四大步骤，有计划地、循序渐进地进行英语写作训练。培养学生英语写作的审题意识，通过对比训练，学生能够初步形成体裁与题材的意识；培养学生英语写作的篇章结构意识，通过英语写作训练，学生能够辨认并掌握典型的英语篇章框架结构；培养学生英语写作的句型及段落意识，通过层层深入的写作专项训练，学生能够掌握常用的英语句型，能熟练使用主题句和支撑句组段，具有语篇衔接和连贯意识；最后回归课本，寻找写作的话题，自由创作，学生批改、评价自己及他人习作的训练贯穿整个研究过程，教师给予适当引导，让学生有自我启迪的空间和时间。通过研究和教学实践最终达到使学生写作技巧得到发展，写作习惯得到培养，写作能力得到提高的研究目标。

四、基于过程体裁教学法的高中英语单元主题写作教学

（一）单元主题写作教学

人教版普通高中课程标准实验教科书的每个单元都是围绕一个主要话题开展听说读写活动。借助教材中各个单元主题，开展限定主题范围的写作。教师引导学生在充分理解主题语境下的话题文章的基础上，通过分析，获取写作的篇章文体结构、篇章衔接过渡技巧、语言词汇句型等，激发学生的写作兴趣，引导学生进入写作的情境，启发学生思考[①]。

（二）基于过程体裁教学法的高中英语单元主题写作教学步骤

过程化写作突出强调如何帮助学生在写作实践中挖掘单元主题题材内

---

① 庄海滨．基于支架理论的初中英语单元话题写作教学探析［J］．中小学英语教学与研究，2014（2）：35-40.

容、谋篇布局，以及通过示范分析、模仿分析、技巧训练、独立创作四大步骤（见图3-1），有计划地、循序渐进地开展写作训练，来提高学生的写作能力。

第一阶段：示范分析。通过单元主题阅读的示范分析，让学生学会获取主题语境下的篇章主题内容、文体结构和语言特点，培养学生英语写作的思维和框架意识。

第二阶段：模仿分析。通过分析相同或相似题材的写作材料，锻炼学生的体裁、要点、逻辑、衔接、人称与时态、语言迁移等写作微技能，使学生熟悉高中英语单元主题写作的典型话题和常见体裁，为实际写作做好准备。

第三阶段：技巧训练。通过对常见文章结构的反复训练，使学生把某一写作类型内化到其知识结构中，从而使得该类型文章的写作变得更加容易。培养学生英语写作句型的灵活运用能力及段落的过渡与连贯能力，使学生熟练使用多变的句式和表达，明晰写作的主题句、支撑句与结尾句，掌握组句成段的写作技能，培养行文连贯的写作意识。

第四阶段：独立创作。培养学生根据主题语境内容进行独立创作的能力。注意增加写作亮点，起到画龙点睛之效果，让读者眼前一亮，耳目一新。

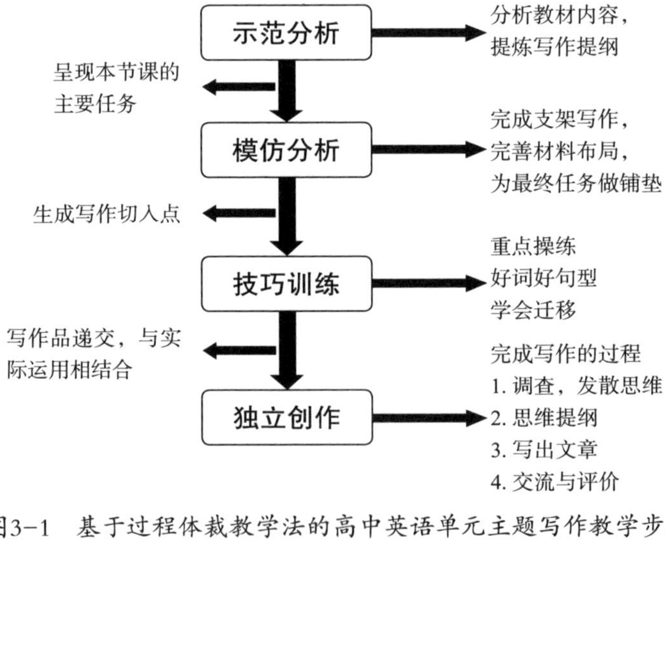

图3-1 基于过程体裁教学法的高中英语单元主题写作教学步骤

（三）基于过程体裁教学法的高中英语单元主题写作教学的课例分析

下面以笔者执教的人教版高中英语选修四第一单元Robots话题写作课为例，阐述如何运用过程体裁教学法进行高中英语单元主题写作教学。

1. 教学内容分析

本单元话题为“机器人”“科幻文学作品”和“科幻小说作家”，内容主要涉及著名的科幻小说作家艾萨克·阿西莫夫的生平简介和他所创作的有关机器人的科幻小说。单元主题写作教学通常安排在整个单元学完之后。单元中的精读与泛读课文、听力材料等都有助于学生积累丰富的写作素材，以及做好写作的准备。我们需要基于单元文本，获取写作信息，实现创作。

2. 教学对象

学生来自广州市某文科实验班，英语基础较好，具有一定的信息提取能力、推断能力和概括能力，课堂参与意识强，愿意配合教师开展课堂活动。本节课是学生高中以来第一次接触科幻小说主题的英文阅读材料。

3. 教学目标

教学任务实施的重点是让学生在阅读的基础上，获取小说体裁写作技巧，掌握人物写作方法和语言，完成续写小说的任务。

4. 教学过程

第一步：示范分析——利用思维导图梳理文章脉络

让学生用投影分享自己的思维导图和对文本的理解，再由教师分享自己的思维导图（见图3-2）并引导学生回答两个深层次的问题：Why did Tony open the window? Why did Tony have to be rebuilt?

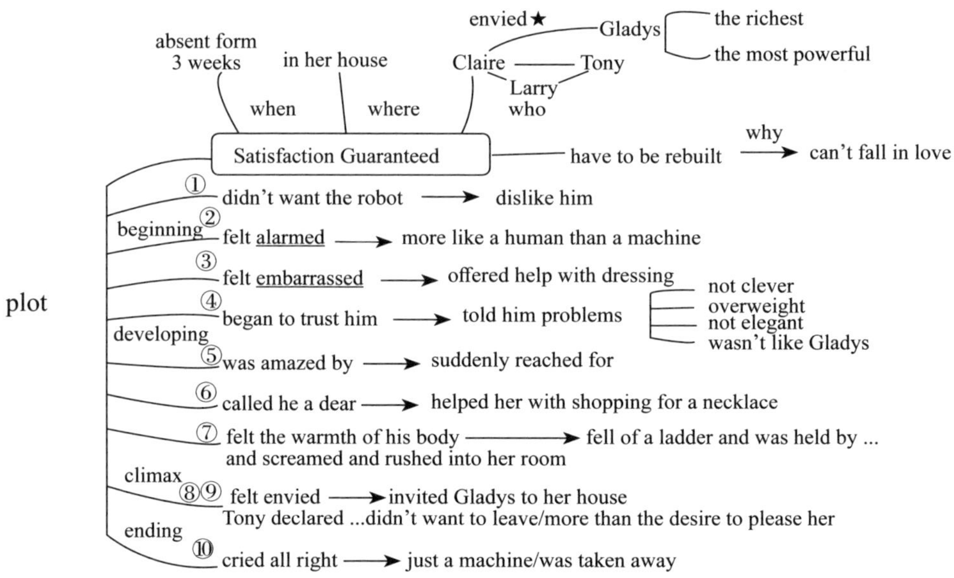

图3-2　教师思维导图展示

第二步：模仿分析——提炼写作提纲，完成支架写作

创设两个情境，让学生发挥想象力，表达自己的观点。讨论问题1：What will happen to Tony? 讨论问题2：Think about the title of this text. Is it good? Why or why not? If not, what title would you like to give to this text?

设计意图 问题1充分利用了文本中的留白，引导学生重新深入文本，利用已有的知识和经验对同一问题进行多方位、多角度的分析和思考，发展学生的发散性思维。问题2旨在培养学生的审问意识和批判性思维。小说标题"Satisfaction Guaranteed"与小说的内容并不一致，对标题是否满意是一个值得探讨的话题。教师设置的任务能够引导学生以质疑的眼光对文章加以审视。该任务促使学生再次深入思考文章的主旨大意，分析文本的特点，通过重拟文章标题的方式，培养学生的审问意识和质疑精神。在课堂的探讨和交流过程中，不同视角的交汇，不同想法的碰撞，使学生在积极的思维活动中深化学习，生成写作的切入点。

第三步：技巧训练——针对主题语境下的重要句型和词汇，拓展成句

展示本单元主题词汇，要求学生拓展成句。

Useful expressions: desire, satisfaction, bonus, alarm, sympathy, overweight, elegant, favour, scan, absurd, accompany, awful, affair, declare, envy, affection, talent, thinking, divorce, obey, assessment... test out, ring up, turn around, leave...alone, set aside, in all, be bound to Grammar：被动语态和动词不定式的被动形式

设计意图 把写作需要的重点词和句放在语境中进行运用。将主题词汇拓展成句就是让学生利用主题关键词或教师给出的写作关键点作为写作的基础。

第四步：独立创作——自由创作，续写故事

根据小说情节，续写故事。提出问题“What will happen to Tony?”，让学生发挥想象进行创作。

五、基于过程体裁教学法的高中英语单元主题写作教学的思考

经过师生一年多的共同努力，尤其在采用过程体裁教学法开展写作教学的实践后，学生的写作能力得到了明显的提高。主要体现在：一是写作兴趣浓厚，不再畏惧写作。学生在教师的引导下，依托单元主题知识和搭建好的写作学习支架，把复杂的写作任务合理分解，轻松进入写作的语境。二是增强了文本的使用价值。读与写紧密结合，学生对于单元阅读文本的目的非常清晰，对于语言的感知更敏感，有助于学生主动将文本语言知识运用到写作当中。三是学生的语言表达能力有了很大提高。文章用词准确地道，语句连

贯流畅，书写美观、赏心悦目。笔者所任教的班级在多次考试中写作平均分数都高于平行班，这也增强了教师的自信心，拟进一步推广过程体裁教学法，以实现更有效的写作教学模式。

第二节 素养导向的高中英语项目式学习内涵与实践策略

一、引言

新课标提出“除了常规的教学活动外，教师应更多地调动学生的学习潜能，组织更加开放的、具有挑战性的项目式学习、研究性学习、创作性学习等活动，激发学生主动参与，引入和利用多种资源，鼓励学生分享感受、经历、看法和个人创作，为学生展现自我、挑战自我、突破自我、相互学习创造最佳的学习环境”。

相对于传统的学习方式，项目式学习基于课程标准，以学生为主体，以素养为导向，以小组合作的方式解决具有学科价值和社会价值的真实问题，以获取学科核心概念和能力或跨学科素养为目标，其强调“在做中学”，突出了学习的情境性、过程性和实践性，以及学生的自主合作与探究精神。

在英语教学中，素养导向的项目式学习，有助于激发学生的内驱力，“在发展学生的情感、态度、价值观，以及思维能力、实践能力和社会能力方面更加有效，教育价值更加丰富”[①]，有助于教师实现课程价值，使学生学用合一，形成应对未来挑战的关键能力和核心素养。

---

① 刘长铭. 我们为什么需要项目式学习？［J］. 中小学管理，2020（8）：5-6.

二、项目式学习的内涵与特征

“项目式学习是学生综合运用多学科学习成就进行自主学习的一种综合性、活动性的教育实践形态”[①]。巴克教育研究所提出项目式学习为学生在一段时间内通过研究并解决一个真实的、有吸引力的和复杂的问题、课题或挑战，从而形成对重要知识和关键能力的理解。项目式学习的重点是学生的学习目标，包括基于标准的内容以及如批判性思维、问题解决、合作和自我管理等技能[②]。在此基础上，他们提出了项目式学习的八大黄金标准，其包含两个方面：学生的学习目标——关键知识学习和理解，成功素养；项目设计的核心要素——挑战性问题，持续探究，真实性，学生的声音与选择，反馈、评论与修改，公开展示的作品。这些准则归纳了项目式学习的核心要素。滕珺等认为项目式学习首先是一种学习，其学习本质主要体现在有目标、有计划、有评价，强调学习者的中心地位；同时，项目式学习又要体现出项目特质，其主要表现为真实的情境性、系统思维和产品导向[③]。可见，项目式学习注重学生的主体性，强调目标导向，强调情境的真实性，引导学生在持久且深入的合作探究中解决实际问题。项目式学习是一种创新性学习方法，它形成多种在21世纪成功所需的重要品格，学生可以从这种教学方法中受益[④]。

刘景福、钟志贤提出了项目式学习实施的六个基本步骤：选定项目、制定计划、活动探究、作品制作、成果交流和活动评价[⑤]。周业虹概括了项目式学习的具体教学程序：选择研究项目、设计研究方案、实施研究方案、交流评判结果、项目总结评价[⑥]。万姝论述了基于主题意义的项目式学习实施流

① 郭华. 项目学习的教育学意义［J］. 教育科学研究，2018（1）：25-31.

② 夏雪梅. 在学科中进行项目化学习：学生视角［J］. 全球教育展望，2019，48（2）：83-94.

③ 滕珺，杜晓燕，刘华蓉. 对项目式学习的再认识：“学习”本质与“项目”特质［J］. 中小学管理，2018（2）.

④ BELL S. Project-based learning for the 21st century： skills for the future［J］. The Clearing House, 2010，83（2）：39-43.

⑤ 刘景福，钟志贤. 基于项目的学习（PBL）模式研究［J］. 外国教育研究，2002（11）：18-22.

⑥ 周业虹. 实施项目式学习 发展学科核心素养［J］. 中小学教师培训，2018（8）：33-37.

程：解析主题意义、构建项目任务、推进项目产品制作、展示项目成果、项目评价反思[①]。

综上所述，项目式学习是指基于学科的关键概念和基本原理，以学生为中心、以素养为导向、以项目成果为目标，以小组合作方式共同探究并解决一个链接真实世界的综合性任务，以获得学科知识的关键知识，发展核心素养的学习模式，其流程主要包括项目选定、项目开展、项目成果展示及项目评价反思。

三、素养导向的高中英语项目式学习实施路径

《义务教育英语课程标准》（2022年版）强调，教师要开展英语综合实践活动，“围绕特定主题，由真实的问题或任务驱动，综合运用其他相关课程的知识自主开展项目学习”。开展项目式学习的价值在于提出问题并深度参与探究具有挑战性的学习主题，从而获得发展，提升核心素养和能力[②]。

素养导向的项目式学习为学生深度探究学习主题构建了真实的语言环境和社会环境，有助于学生从自身的已有经验和切身体验理解知识和意义，并利用学科与跨学科相关知识与信息资料提出认识、观点和解释，开展研究设计，进行实践操作，形成个性化项目成果。学生通过整合跨学科的基础性知识，对知识进行深层的认知加工，实现更高层次的认知发展，促进了学科核心素养的发展。

以素养为导向的项目式学习始终以培养学生的核心素养为主轴，在项目选定、项目开展、项目成果展示、评价反思等过程中，培养学生在21世纪成功的必备品格和关键能力，并使学生树立正确的价值观念。其流程如图3-3所示。

---

① 万姝. 基于主题意义探究的英语项目式学习［J］. 中小学外语教学（中学篇），2021，44（10）：1-6.

② 胡红杏. 项目式学习：培养学生核心素养的课堂教学活动［J］. 兰州大学学报（社会科学版），2017，45（6）：165-172.

项目选定	项目开展	项目成果展示	项目评价反思
选择真实项目，确定研究方向	搭建知识支架，构建知识图谱	展示项目成果，交流学习体会	评价项目实践，反思学习过程
↓	↓	↓	↓
组建项目小组，明确成员角色	规划项目方案，推进产品制作	接受同伴评价，精进项目产品	强化过程评价，发展核心素养

图3-3　以素养为导向的项目式学习流程

四、素养导向的高中英语项目式学习实践

笔者尝试以人教版高中英语必修二第五单元Music为例，说明如何开展素养导向的高中英语项目式学习。

（一）项目选定

项目式学习的主题既可以来自教材中的内容，也可以是教材知识的拓展内容，或者是教材中具有学科价值的社会问题，且类型多样，如实验类、制作类、调研类、设计类等。教师要坚持以人为本的教育理念，以学生为中心，深入了解学情，钻研教材，选择贴近学生生活且具有学科价值和社会价值的真实项目。创设真实的项目情境能有效调动学生的学习积极性，学生会表现出更积极的行动和更持久的动力，自己寻找和挖掘解决问题时所利用的信息资源，推进项目探究。

1. 选择真实项目，确定研究方向

本单元的主题是音乐，主要涉及的主题语境是欣赏音乐、音乐的纽带作用、策划音乐节、音乐的疗愈功能、音乐鉴赏与评论等。授课对象是高二年级学生，通过项目前测，发现他们普遍肯定音乐在日常生活和社会发展中的积极作用，初步了解了中外常见的、不同类型的音乐特点，对中国传统文化都非常感兴趣，且班里的一部分学生具有一定的乐理基础，有的还会弹琴、唱歌。但是教材内容缺乏用英语做事情的学习实践活动，本着“学用结合、课内外集合、学科融合”的原则，笔者契合“广交会”情境，开展“唱响中

国传统文化的英文原创歌曲”项目式学习活动，鼓励学生以主人翁的精神，深入探究契合自身兴趣的中国传统文化，作词谱曲，录制MV，用英文歌曲传播中国传统文化，介绍给国际友人。

教师在课堂上创设项目情境“Do you know The China Import and Export Fair?（你们了解广交会吗？）”，提出驱动问题“How to introduce Chinese traditional culture to foreigners in English?（如何用英语向外国友人介绍中国传统文化？）”，细化两个子问题“How to introduce Chinese traditional culture in English?（如何用英语介绍中国传统文化?）”“How to compose an English song about Chinese traditional culture?（如何创作一首关于中国传统文化的英文歌曲?）”，如图3-4所示。借助学生的思维风暴，推动“唱响中国传统文化的英文原创歌曲”项目式学习的构建。

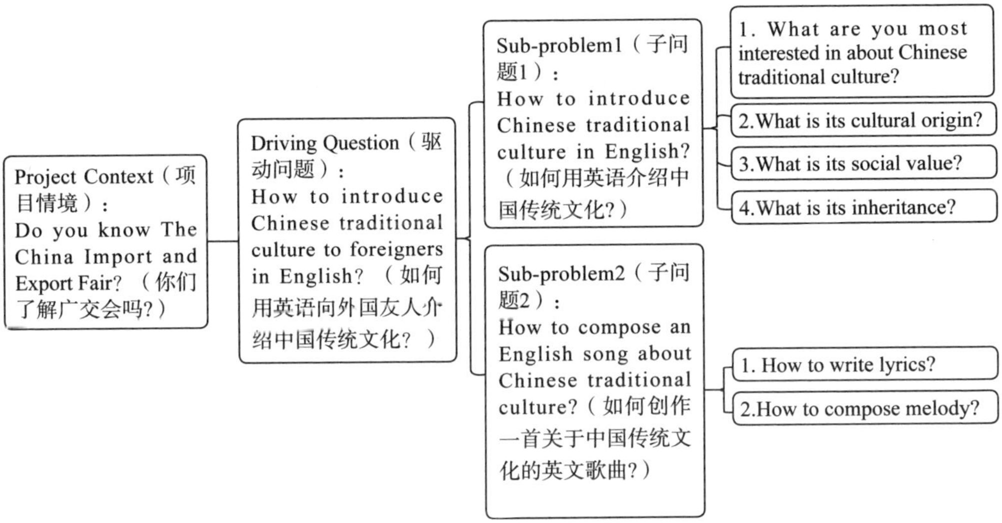

图3-4　“唱响中国传统文化的英文原创歌曲”项目式学习构建

2. 组建项目小组，明确成员角色

学生按照“自主参与，优势互补，合作共赢”的原则，每个小组建议3～5人，且小组参与学生满足以下至少一项要求：①英文听说能力较佳，且具备英文歌曲演唱能力；②具备一定的弹奏乐器识谱能力；③能够简单合成、剪辑音视频。小组成员的兴趣、个性特点和能力水平等方面尽可能做到有差异。在项目研究中，每名学生根据自身的特长和能力明确项目角色，各自发挥优势，如英文写作基础扎实或对英文歌曲创作感兴趣的成员负责英文歌词创作，乐理感较好且会看谱的成员负责谱曲创作，擅长摄影的成员负责音视频剪辑、合成。英文原创歌曲的创作采取任务驱动，在教师的指导和协调下，项目小组成员合理分配时间，及时完成小组任务。项目小组任务安排如表3-1所示。

表3-1　英文原创歌曲项目小组任务安排

	具体任务	人数	组员名称	完成时间
英文原创歌曲项目小组1	英文歌词创作	1～2		
	谱曲创作	1～2		
	音视频剪辑、合成	1		

（二）项目开展

项目的开展即解决问题的过程。在驱动型问题的牵引下，教师需搭建知识支架，构建知识图谱，引导学生在学习理解类活动中内化语言知识、文化知识、乐理知识等，形成英文歌曲创作的知识背景。学生以小组为单位，深入探究中国传统文化的起源、现代传承等，创造性地完成歌曲创作，发展核心素养。

1. 搭建知识支架，构建知识图谱

Puntambekar认为脚手架可分为“过程脚手架”和“工具脚手架”。“过程脚手架”以社会文化理论为基础，以对话和对学习者的帮助为标志，以便学习者内化必要的技能和知识；“工具脚手架”为完成特定任务提供工具支持，以便学习者解决可能遇到的预期困难[①]。

项目式学习活动具有跨学科性质，体现综合性特点。一是体现在知识上。英文原创歌曲项目活动不仅含有英语学科中的写作、词汇、语法、修辞等知识，且含有音乐学科中的节奏、旋律、速度、力度、音色、和声等跨学科知识以及摄影和剪辑等操作性知识。二是体现在学习手段上。英文原创歌曲项目活动采用小组学习和个人学习相结合、在线学习和线下学习相结合的混合学习方式，同时也采取网上查找资料、实地调查研究、美工设计等实践方式。因此，在项目开展的过程中，教师需持续提供“过程脚手架”和“工具脚手架”，与音乐教师、信息技术教师共同开展如何作词、如何谱曲、如何拍摄剪辑视频的培训，引导学生在应用实践中内化所学语言知识、摄影知识和乐理知识，而后迁移创新，创造性地解决项目开展中的问题，形成正确的价值判断、必备品格和关键能力。

2. 规划项目方案，推进产品制作

“规划方案是为学生完成项目任务、找到解决问题的路径而设计的，是项目式学习实施的保障”[②]。学生以小组为单位，制定好研究方案，方案中应包括项目所要研究的传统文化、项目研究的目的和意义、项目开展的步骤、项目研究的方法、项目的分工情况与完成每项任务所需的时间等。一个主项目分解成若干个子项目，由项目小组成员分工协作完成。项目产品的制作过程是小组实施自己的规划方案的过程，也是核心素养发展的过程。在推进产品制作的过程中，教师需解答学生在探究中国传统文化中出现的问题，帮助

---

① PUNTAMBEKAR S. Distributed scaffolding: scaffolding students in classroom environments [J]. Educational Psychology Review，2022，34（1）：451–472.

② 朱再枝，何章宝. 基于项目式学习的“当代文化参与”实践探究：以高中语文统编教材必修上册《家乡文化生活》为例［J］. 基础教育课程，2019（24）：20–25.

学生根据研究的实际情况灵活应变，不断修正项目方案，多维推进项目制作。笔者以“唱响中国传统文化的英文原创歌曲”项目式学习为例，具体加以说明。

当明确“唱响中国传统文化的英文原创歌曲”这个项目课题之后，围绕这一课题，小组成员首先确定所要深入探究的某一类型中国传统文化，如岭南文化、广府文化、诗歌文化等，明确其研究意义，规划所要研究的具体内容和步骤，而后分工合作，开始实施探究方案。通过网上查找资料、调查采访、观察分析、调查统计、交流总结等，学生对项目活动中所探究的中国传统文化的起源、价值功用、现代传承等进行深入学习。在此过程中，教师重视内化环节的作用，利用个人陈述、小组分享等活动形式巩固学生的结构化新知，指导学生自主构建和内化新知，充分发挥学生主体性，引导学生完成作词、谱曲、录制MV等任务，推进项目的完成，最终实现学以致用、学用一体。

（三）项目成果展示

展示学生的作品不仅可以让学生回顾并反思项目式学习的整个过程，提高学生的学习主动性，还可以将所学知识外显化和可视化，使学习过程变得更有意义。项目成果的展示可采用网络平台发布或现场展示，并与其他成员共同分享交流，进一步修改和完善项目作品，加深学生对中国优秀传统文化的深刻理解和文化认同，同时促进学生综合能力的发展。

1. 展示项目成果，交流学习体会

项目成果的呈现方式有很多，既可以通过网络平台发布成果，也可以现场通过PPT、音视频等方式口头汇报并全面展示小组项目式学习成果。教师在此过程中可引导学生交流学习心得，分享实践经验，让每个小组成员都能参与分享活动，体验学习成就感。

如英文原创歌曲项目式学习成果汇报是以项目小组为单位、以PPT讲解和现场作品演唱的形式进行的。每个项目小组的讲解员通过PPT讲解项目所

研究的传统文化及其研究意义，分享研究方法和项目制作过程，而后以“音乐节”的方式，播放每个项目小组拍摄的MV，学生现场演唱创作好的英文歌曲。展示完后各小组彼此交流学习心得，分享在项目研究实践过程中的学习体会。在展示过程中，学生表现出自己的逻辑思维能力、语言表达能力、团队协作能力等综合素养，在交流学习心得中收获不同的学习经验，学习其他项目小组的亮点和长处，为完善本组项目产品拓展思路，积攒项目式学习经验。

2. 接受同伴评价，精进项目产品

项目成果展示充分采取同伴评价的点评方式，即每个小组对其他小组的表现和成果进行多维评价。利用同伴的力量，发挥互助合作的精神，促进学生更积极地参与项目成果交流，发现项目成果中的不足之处，促进学生认知能力上的发展。

项目成果交流具有目的性和启发性。各项目小组在同伴评价中成为评价活动的参与者和合作者，能充分发挥主观能动性，在交流过程中提出自己的疑惑，发表自己的观点，产生思维碰撞，并在相互评价中受到启发，发现和诊断项目产品的问题与不足，取长补短，精进项目产品。

（四）项目评价反思

项目评价应以学生为主体，反映以人为本的教育理念，以促进学生学科核心素养为目标。新课标强调，“基于英语学科核心素养的教学评价应以形成性评价为主并辅以终结性评价，定量评价与定性评价相结合，注重评价主体的多元化、评价形式的多样化、评价内容的全面性和评价目标的多维化。评价结果应能全面反映学生英语学科核心素养发展的状况和达到的水平”。

1. 评价项目实践，反思学习过程

教学评价以学生核心素养的全面发展为基点。英文原创歌曲项目式学习采取过程性评价与结果性评价相结合的评价方法，既评价学生的“学”，也评价学生的“学习成果”；既评价学生在活动中的自主表现，也评价学生的团队成果。评价主体呈现多元化，采取个人点评、小组点评和教师点评的方式；评价内容体现多维性，其评价维度由项目产品的主题契合度、项目推进度、成员合作度、成果的创意度、成员学习策略的应用程度等组成。英文原创歌曲项目式学习评价量表由项目主题、实施过程、展示过程、小组合作情况、学习策略应用、学科知识运用等六个方面构成（见表3-2）。个人、小组成员和教师分别对每一项进行评价打分，最后综合评分，得出总分。

表3-2　英文原创歌曲项目式学习评价量表

序号	评价项目	评价标准	个人点评（54321）	小组点评（54321）	教师点评（54321）
1	项目主题	项目契合“中国传统文化”主题			
2	实施过程	按时完成项目任务			
		根据研究实际情况，与组员协商，修正项目方案			
		遇到问题时，能主动收集资料，自主解决问题			
3	展示过程	讲解员自信自然地展示自己的能力			
		讲解内容具有逻辑性			
4	小组合作情况	在任务活动中积极与他人合作，共同完成学习任务			
5	学习策略应用	主动查找资料，筛选信息，把握有用信息			
		主动反思在完成项目时的进步与不足			
		在学习过程中积极思考，主动探究，发现并用多种策略破解英文音乐创作时的难题			

续表

序号	评价项目	评价标准	个人点评（54321）	小组点评（54321）	教师点评（54321）
6	学科知识运用	歌词创作有运用押韵、比喻、排比等修辞手法			
		谱曲时有运用节奏、旋律、音色、和声等跨学科知识			
		利用信息技术使歌曲MV变得更有创意性			

通过评价量表的评价，有助于学生体验跨学科英语学习的收获，反思自己的不足，更加全面地认识自我；同时，有助于教师获取跨学科教学的反馈信息，了解“唱响中国传统文化的英文原创歌曲”项目式学习的实际育人情况，不断改进教学，提升育人质量，落实立德树人。

2. 强化过程评价，发展核心素养

核心素养的落实，更需要在学习过程中强化学生的过程性评价。除了采取上述所提及的评价量表作为过程性评价的工具外，英文原创歌曲项目式学习还采取了档案袋的形式，进一步巩固项目式学习成果，强化过程评价，形成学习闭环。项目式学习档案袋的内容由项目过程档案、项目成果档案、项目评价反思档案组成，展现了项目探究实践过程中学生的核心素养发展过程，以及学生的学习成果、学习体验、同伴评价和反思记录等。项目式学习档案袋作为过程性评价手段之一，能充分发挥学生的学习主体性，实现真正意义上的以评促学，从而发展学生核心素养，让核心素养在跨学科项目实践中落地。

实践证明，素养导向的项目式学习能融通学生的学科素养及跨学科素养。“项目式学习是促进学生深度学习、实现核心素养发展的重要途径。”学生在英文原创歌曲的项目式学习中，体验真实的学习，将知识、思维等以具体的方式外显化和可视化，对中国优秀传统文化的起源和现代传承等方面有了更深入的认识，深化了其对中国优秀传统文化的情感、态度、价值观，

提高了用英语讲好中国故事的能力，发展了核心素养。

（注：本人所带硕士研究生广东技术师范大学黄秀芳同学参与了本文的资料收集和撰写工作）

第三节

立德树人视域下PEACE写作教学模式育人价值研究

党的十八大以来，党中央、国务院多次强调把立德树人作为教育的根本任务，这一根本任务亦是各级各类学校教育教学的根本指南。围绕立德树人，PEACE写作教学模式①严格贯彻社会主义核心价值观，认真培育外语学科核心素养，仔细对照普通高中英语课程标准，致力于培养社会主义合格的建设者和接班人。以立德树人为中心的PEACE写作教学模式具有独特而重要的育人价值，对其育人价值进行深入研究不仅顺应了培养全面发展的人的教育趋势，也符合学科育人、课程育人的基本要求。

一、立德树人视域下PEACE写作教学模式的育人旨归

PEACE写作教学模式作为一种高中英语写作教学模式，其育人旨归主要表现在立足道德教育，坚持立德树人的根本任务；突出价值教育，践行社会主义核心价值观；强调全面发展，培育外语学科核心素养。

（一）立足道德教育，坚持立德树人的根本任务

PEACE写作教学模式应立足道德教育，在加强学生的品德修养上下功夫。“才者，德之资也；德者，才之帅也。”树人需要立德，立德才能树

① PEACE写作教学模式，即六要素整合下的高中英语写作教学模式。PEACE写作教学模式的具体步骤包括“Presentation—Engagement—Acquisition—Creation—Evaluation”，意为“多文体语篇中问题呈现—体验探究中积极参与—情境运用中语言习得—思考创作中作文生成—分享欣赏中评价提升”。

人，立德立育人之德，树人树有德之人，立德与树人两者辩证统一。“德”既有个人的“德”，也有国家和社会的“德”，“它们相互统一、协调发展”[①]。PEACE写作教学模式不仅是为了培养中学生的英语写作能力，更为重要的是通过英语写作加深学生对优秀品德的理解与认知。PEACE写作教学模式应把道德教育融入各个写作环节之中，使德行培育与人才培养相统一，培养学生“明大德、守公德、严私德”的道德品质。

（二）突出价值教育，践行社会主义核心价值观

PEACE写作教学模式应明确英语教学的价值负载，突出社会主义核心价值观教育。20世纪以来，外语教育的性质一直在“工具性”与“人文性”之间徘徊，从“工具性”一元论到“工具性和人文性”二元论大致反映了外语教育性质观的演变。从外语教育政策来看，一定时期的外语教育政策必须服务于一定时期国家政治、经济、文化的发展，因而外语教育具有鲜明的“价值负载”特征。以往的外语教育性质观只关注了“工具性”与“人文性”，忽略了其价值性的彰显。近年来，随着立德树人成为教育的根本任务，外语教育性质观发生了相应的变革。有学者提出“立德树人的英语教育”理念，认为我们须改变对于英语教育性质的认识[②]。对外语教育性质的认识是开展外语教学的出发点，外语教育的性质观决定了外语教学的内容。新时代的外语教育必须坚持“工具性”“人文性”“价值性”三者相统一，形成以“价值性”为骨干、“工具性”与“人文性”为两翼的新型外语教育性质观。PEACE写作教学模式重视英语写作教学过程中“价值性”的彰显，尤其将社会主义核心价值观教育融入日常的写作活动之中，旨在提升学生的综合素质。

---

① 苏国红，李卫华，吴超．习近平“立德树人”教育思想的主要内涵及其实践要求［J］．思想理论教育导刊，2018（3）：39-43.

② 龚亚夫．教育目标多元化与基础英语教育改革——立德树人的英语教育［N］．中国教育报，2014-04-24（9）.

（三）强调全面发展，培育外语学科核心素养

PEACE写作教学模式应培育外语学科核心素养，致力于培养德、智、体、美、劳全面发展的学生。教育部《关于全面深化课程改革落实立德树人根本任务的意见》将“核心素养”纳入“着力推进关键领域和主要环节改革”部分，要求“各级各类学校要从实际情况和学生特点出发，把核心素养和学业质量要求落实到各学科教学中”。通过专家学者的深入研究，外语学科核心素养体系基本形成，内容包括语言能力、文化意识、思维品质、学习能力。PEACE写作教学模式通过“情境运用中语言习得”环节可以提升学生的语言能力，通过“分享欣赏中评价提升”环节可以强化学生的文化意识，通过“思考创作中作文生成”环节可以培养学生的思维品质，通过“多文体语篇中问题呈现”与“体验探究中积极参与”环节可以增强学生的学习能力。PEACE写作教学模式倡导在平时的写作教学中全面渗透学科素养，充分激活英语写作教学的育人功能，促进学生核心素养的全面发展。

二、立德树人视域下PEACE写作教学模式的育人原则

立德树人视域下PEACE写作教学模式具有五大育人原则，分别是德育为先原则、三重发展原则、问题导向原则、情境体验原则和行知合一原则。

（一）德育为先原则

德育为先原则是PEACE写作教学模式的首要育人原则，也是PEACE写作教学模式的全程育人原则。德智体美劳五育并举并不是五育平举，德育为五育之首，德育为五育之核。为了细化“立什么德，树什么人”，中国学生发展核心素养课题组对有较高影响力的、代表十类社会群体的608名专家及社会知名人士进行了访谈。访谈结果表明，“道德品质是被提及频率最高的一个素养指标，在所有专家中的被提及频率为55.73%”[①]。“国无德不兴，人无

① 林崇德. 中国学生核心素养研究［J］. 心理与行为研究，2017，15（2）：145-154.

德不立。”道德教育既联系着个人的前途命运，也关系到国家的兴衰存亡。“身修而后家齐，家齐而后国治，国治而后天下平。”治德方能修身，良好的道德品质是个体成人成材的基础。PEACE写作教学模式坚持德育为先，重点关注道德方面的写作选题，让学生在写作中习得优良的道德品质。

（二）三重发展原则

三重发展原则是指PEACE写作教学模式倡导工具性、人文性与价值性相结合的教学原则。近年来，我国对外开放的进程不断加快，“一带一路”倡议对中学英语教育教学的变革提出了全新的要求。“一带一路”作为国家级顶层合作倡议被提出与实施，大大推动了人类命运共同体的形成。为了进一步推动与“一带一路”沿线各国家或组织的合作与交流，我国需要培养大量的具有外语沟通能力、品德修养、民族自信的青少年。值此背景，PEACE写作教学模式坚持工具性原则，通过系统而科学的英语写作训练，提升中学生的英语水平；坚持人文性原则，通过充分发挥英语写作教学的育人功能，使中学生在获得知识的同时养成良好的道德品质；坚持价值性原则，通过中外文化的比较与了解，树立中学生的文化自信与民族自信。

（三）问题导向原则

问题导向原则是PEACE写作教学模式的指导性原则。PEACE写作教学模式主张在多文体语篇中进行问题呈现，即以学生现有水平为基础，整合单元话题内容，提供同一主题下不同文体语篇。教师在呈现语篇时也呈现问题情境，在呈现之前对话题文本内容、难度进行选取和整合。问题导向原则，就是选取问题作为PEACE写作教学模式的一种教学策略、教学思路或教学方式，其目的主要是增进、更新、深化和拓展对同一主题下不同文体语篇的对比认识。问题导向原则中的英语写作问题是可以引起中学生认知疑惑、疑难的种种问题，促使学生通过英语写作了解尚未熟悉的英语知识，掌握不曾具备的英语技能。每一个文体语篇都是一个“见证人”，而且像大多数见证人一样，只有我们向它提出问题，它才会开口说话[①]。因此，PEACE写作教学模式若要顺利开展，提倡问题导向原则是至关重要的。

（四）情境体验原则

情境体验原则是PEACE写作教学模式的教学设计原则。1984年，美国社会心理学家、教育家大卫·库伯（David Kolb）在《体验学习：让体验成为学习和发展的源泉》一书中提出了著名的体验学习循环理论，架构了体验学习模式，即从“具体的体验”到“对体验的反思”到“形成抽象的概念”到“行动实验”再到“具体的体验”[②]。体验式学习以学生学习为本，学生是学习的主体；教师为学生提供多样的学习情境，帮助学生在循环的体验中有效地学习知识。以体验式学习理论为基础，PEACE写作教学模式倡导“情境运用中语言习得”，在情境活动中运用语言，习得写作的语言、内容、结构、语篇等相关知识。同时，PEACE写作教学模式还关注“体验探究中积极参与”，以学生的认知、兴趣、体验为出发点，在活动中、在教师的引导下，学生对文本进行积极主动的体验、探究、合作，不断领悟、发现文本主题语境的语篇类型、语言知识、文化知识等，深化对该主题的理解和认识，建构写作的内容、语言和结构图示。“情境运用中语言习得”与“体验探究中积极参与”，共同提升学生的英语写作学习兴趣，培养学生的英语写作自主学习能力。

（五）行知合一原则

“知”与“行”是中国传统哲学的重要理论范畴。诸多典籍中都有关于“知”与“行”的论述，如“非知之艰，行之惟艰”出自《尚书》，“非知之实难，将在行之”源自《左传》。知行关系在中国哲学史上主要表现为道德认识与道德实践之间的关系。朱熹认为 “论先后，知为先；论轻重，行为

---

① 杰弗里·巴勒克拉夫. 当代史学主要趋势［M］. 杨豫，译. 北京：北京大学出版社，2006.

② DAVID A.KOLB.Experiential learning: experience as the source of learning and development［M］.Pearson Education Publisher,1984.

重”“知行常相须”。王阳明提出“知者行之始，行者知之成”。陶行知通过自身多年的教育感悟，认为在教育过程中应是“行”为先，“知”在后，他把王阳明的知行哲学观迁移为行知教育观，提出“行是知之始，知是行之成”。PEACE写作教学模式借鉴陶行知的行知教育观，提倡行知合一原则。具体来看，PEACE写作教学模式倡导“思考创作中作文生成”，让学生在写作实践中习得语言、内容、结构、语篇等知识，这一过程不仅注重构建语言的能力，更注重学生在语言活动中有创新想法和内容生成。PEACE写作教学模式倡导“分享欣赏中评价提升”，让学生在体验、交流和分享文章的实践中学会评价，学会创造性地使用语言。

三、立德树人视域下PEACE写作教学模式的育人价值

立德树人视域下PEACE写作教学模式立足在问题呈现中激发中学生的爱国情怀，在体验探究中塑造中学生的文化意识，在情境运用中提升中学生的语言能力，在思考创作中培养中学生的思维品质，在参与评价中增强中学生的学习能力。

（一）在问题呈现中激发中学生的爱国情怀

PEACE写作教学模式的育人价值首先表现在提升中学生的国家认同，激发中学生的爱国情怀。热爱祖国既是我国公民的基本道德规范，也是我国中学生教育的基本道德要求。PEACE写作教学模式有责任有义务通过英语写作教学，树立中学生的爱国意识，服务中华民族伟大复兴。PEACE写作教学模式通过整合爱国主义主题内容，提供爱国主义主题下不同文体语篇，让学生了解中国共产党的历史和光荣传统，具有热爱党、拥护党的意识和行动；理解、接受并自觉践行社会主义核心价值观，具有中国特色社会主义共同理想；具有国家意识，了解国情历史，认同国民身份，能自觉捍卫国家主权、尊严和利益；具有文化自信，尊重中华民族的优秀文明成果，能传播弘扬中华优秀传统文化和社会主义先进文化；具有为实现中华民族伟大复兴中国梦

而不懈奋斗的信念和行动等[①]。

（二）在体验探究中塑造中学生的文化意识

PEACE写作教学模式的育人价值表现在塑造中学生的文化意识，提升中学生的国际理解力。文化意识，指对中外文化的理解和对优秀文化的认知。胡适曾说："我们学习西洋文字，不单是要认识几个洋字，会说几句洋话，我们的目的在于输入西洋的学术思想，所以我认为中国学校教授西洋文字，应该用'一箭双雕'的方法，把'思想'和'文字'并教。"胡适指出了学习外语不仅要学习外语知识，而且要了解西方文化。PEACE写作教学模式关注英语写作教学的工具性、价值性与人文性。PEACE写作教学模式在人文性方面强调在文化体验中培养中学生的跨文化能力；加强传统文化熏陶，提升中学生的传统文化素养；深化全球开放意识和合作共赢理念，树立中学生的人类命运共同体意识。

（三）在情境运用中提升中学生的语言能力

PEACE写作教学模式的育人价值表现在增强中学生的写作能力，提升中学生的语言能力。近年来，"立德树人"理念和"一带一路"倡议引领了我国外语教育性质观和目的观的转型升级，"外语降温论"被逐渐化解，外语教学的语言能力培养价值被重新正视[②]。"语言能力"指在社会情境中借助语言来理解和表达意义的能力。语言是人类的交际工具，它产生于人类的交往活动并服务于人类交往活动，因而具有较强的情境性特征。PEACE写作教学模式并不仅仅是为了提升中学生的英语作文成绩，更为重要的是让学生能够在日常的交往活动中熟练使用语言，学以致用、学有所用。

---

① 林崇德. 构建中国化的学生发展核心素养［J］. 北京师范大学学报（社会科学版），2017（1）：66-73.

② 郝成淼. 我国外语教育的转型升级与政策重构——基于"立德树人"和"一带一路"背景［J］. 教学与管理，2017（21）：23-25.

（四）在思考创作中培养中学生的思维品质

PEACE写作教学模式的育人价值表现在加强中学生的逻辑能力，培养中学生的思维品质。思维品质指人的思维个性特征，反映其在思维的逻辑性、批判性、创造性等方面所表现出的水平和特点。写作是一种复杂的、具有创造性的人类活动，大致可分为“收集材料—框架构思—行文表述”三个阶段，又可分为采集、立意、谋篇、用语、修改五个环节。针对不同的阶段和环节，PEACE写作教学模式采用了不同的教学策略，其目的是通过写作训练培养中学生的思维能力。PEACE写作教学模式倡导循序渐进地进行材料积累，让学生由易到难地学习“单词—词组—基本句型—复杂句型—文章”。PEACE写作教学模式鼓励中学生在写作开始前草拟提纲，围绕提纲确定段落主题，然后参照提纲进行写作及修改。PEACE写作教学模式认为英文写作练习是培养中学生思维品质的过程，无论是审题立意，还是谋篇布局，抑或是遣词造句，都可以培养中学生思维的逻辑性、批判性和创造性。

（五）在参与评价中增强中学生的学习能力

PEACE写作教学模式的育人价值表现在激发中学生的主观能动性，增强中学生的学习能力。学习能力是学生主动拓宽学习渠道、积极调适学习策略、努力提升学习效率的意识、品质和潜能。学习能力的高低决定着中学生独立性学习意识的强弱，决定着中学生自主性学习兴趣的有无。PEACE写作教学模式运用小组参与式评价方法，让学生以小组为单位对组内同伴的作文进行互评，充分发挥学生的主动性和创造性，让学生主动认识到好作文的标准是什么，从而提升自主学习能力。

以爱国主义引领的文化意识、语言能力、思维品质、学习能力是新时代英语学科的核心素养，也是“立德树人”视域下PEACE写作教学模式的主要育人价值。

第四节

六要素整合下的高中英语PEACE写作教学策略研究

写作教学既是高中英语教学的重中之重，也是难中之难。在当前的高中英语教学与学习中存在着重知识输入、轻知识输出的问题，学生常常觉得写作难，不愿意写作。从教师角度看，课堂教学很难让学生自主掌握写作的技巧、语言的规则，只能强迫学生按照自己的思路模仿写作。从学生角度看，学生存在语言表达困难、写作积极性不高等问题，教师重训练轻引导的教学导致他们英语写作能力提升困难。高中英语新课标指出“英语课程内容是发展学生核心素养的基础，包含六个要素：主题语境、语篇类型、语言知识、文化知识、语言技能和学习策略”，提倡六要素整合的英语学习活动观，倡导集语言知识学习、语言技能发展、文化内涵理解、多元思维发展、价值取向判断、学习策略运用于一体并以写作的形式输出，这对于高中英语写作教学的改进有着重要的现实意义。在此基础上，研究者尝试将六要素整合作为写作教学的支撑，在写作教学中构建PEACE教学模式，从而实现学生英语综合素养的提升。本节来具体分析一下这一教学模式的主要教学策略。

一、Presentation：问题导入策略，激发学生写作兴趣

学生的写作兴趣是实现高效英语写作教学的前提和基础。兴趣是最好的教师，学生拥有写作兴趣可以提升写作的积极性与自信心，也更容易树立攻坚克难的意志，从而取得较好的写作成绩。因此，培养高中生浓厚的写作兴趣是写作教学高效开展的重要前提，也是高中英语教师展开写作教学的重要

条件。

高中生英语写作兴趣的培养方法是多样的，基于六要素整合的基本理念，高中英语教师应主要从以下两方面入手：其一，寓兴趣培养于英语日常教学中。高中生英语写作兴趣的培养是一个渐进的过程，需要时间的积累，不能一蹴而就。因此，高中英语教师应在日常的英语教学中引导学生发展对英语写作的兴趣。在英语教学中，英语教师可以与学生分享国外时政热点、风俗文化与地理环境等，让学生对感兴趣的话题发表见解。英语教师也可以引导高中生以交朋友的方式与外国人就社会热点问题与文化异同等问题展开讨论，让学生以申请国外大学为契机向国外的大学教授发电子邮件，让高中生认识到英语写作的作用与价值，体验到通过英语交流与写作的乐趣。通过长期的引导，高中生不仅可以养成英语写作的习惯，发展英语写作的兴趣，而且能够消除畏难心理，丰富英语写作的语言，锻炼英语写作的能力。其二，通过问题呈现引发学生兴趣。在日常英语教学中，教师应通过多种手段帮助学生消除对英语写作的畏难心理和焦虑情绪，发展学生对英语写作的兴趣，为写作教学的高效开展奠定基础。在写作教学中，基于六要素整合的理念，教师应在问题呈现环节，运用积极的问题导入策略，来激发学生的写作兴趣。具体来说，教师应注意在多文体语篇中呈现问题，以学生现有水平为基础，整合单元话题内容，提供同一主题下的不同文体语篇，让学生体会不同文体语篇的特点，选择自己感兴趣的进行阅读与模仿。教师在呈现语篇时也要呈现问题情境，在呈现问题情境之前，教师要对话题文本内容、难度进行选取和整合，选取高中生感兴趣的语篇内容和问题情境，吸引学生对问题情境进行思考，激发学生对该问题的探索欲望，让学生愿意主动探索、积极写作。

二、Engagement：自我体验策略，引发学生深入思考

高中生处于自我意识快速发展的时期，学生的自我精神和自我意识较强，教师一味地要求或者强迫学生学习只会导致相反的结果，教师应注意尊重学生的主体性，引导学生在自我体验中获得成长。在高中英语写作教学中，教师可以采取基于六要素整合的自我体验策略。自我体验策略是以学生的认知、兴趣、体验为出发点，教学过程中，在教师的引导下，学生对文本进行积极主动的体验、探究、合作，不断领悟、发现文本主题语境的语篇类型、语言知识、文化知识等，深化对该主题的理解和认识，建构写作的内容、语言和结构图示。

学生的自我体验是主观经验获得的过程，是学生自我建构的过程。学生通过自我体验建构起来的知识图式是学生开展学习的重要基础，对于提高写作能力具有重要价值。教师在采用自我体验策略时需要注意几个问题：其一，教师要根据学生的兴趣设置体验环节，引导学生主动体验。兴趣是学生积极体验与主动探究的出发点，如果教师不能以此为根据引导学生开展自主体验，那就会回到教师一言堂的强迫式教学的旧路上。因此，教师要在引发学生兴趣的基础上设置体验活动，吸引学生主动体验。其二，教师要根据写作教学的内容引导学生开展自主体验。学生的自我体验并不是漫无边际的随心所欲的体验，教师要将学生的兴趣点有机融入写作教学的主题，为学生的写作抛下锚点、搭好支架，引导学生在体验的过程中对教学的主题进行思考，深化学生对所学知识的理解，这也符合抛锚式教学与支架式教学的理念。其三，教师采用自我体验策略，需要引导学生在体验、合作与探究的过程中进行概括、归纳和总结，发展更深层次的思维能力。学生思维能力的培养是写作能力提升的重中之重，因此，在体验的过程中，教师也应适当地进行介入，引导学生对体验的内容展开深入的思考，让学生在体验中锻炼逻辑思维能力，而不是停留在体验的表面。

三、Acquisition：情境习得策略，教给学生写作知识

学生要写好一篇英语文章，不仅需要熟练掌握种类丰富的英语词汇，而且要能熟练灵活地运用英语语法，对学生的综合素质和能力要求较高，难度较大。因此，许多学生对英语写作望而生畏，不敢写、不想写、不愿写是学生的普遍心理，这也造成了英语写作教学的效果不佳，英语测试中写作题成为难度最高、学生失分最为严重的题目。如果把英语写作比作盖房子，那么基础的词汇是英语写作的砖石，优美的句型就是英语写作的骨架，名言佳句就是英语写作的装饰，适合的语法就是英语写作的混凝土，四者缺一不可，合力组成一篇优秀的英语作文。因此，在英语写作教学中，教师应当引导学生习得英语写作中需要用到的基本词汇、语篇知识、语法知识和文化知识等，让学生掌握基础的词汇、优美的句型、适合的语法和一些名言佳句，帮助学生打下坚实的写作基础，引导学生做到胸有成竹。

学生英语写作素材的掌握需要一定语言情境的配合。适合的语言情境有利于学生语言的习得，第二外语学习尤其如此。因此，为帮助学生掌握丰富的写作素材，提升学生的写作能力，教师一定要创造适合的语言情境，让学生在情境中习得语言、运用语言。在英语教学中，教师要给学生营造适合运用英语的语言情境，例如，教师可以抛出美国总统选举的热点话题，让学生讨论民主党和共和党的候选人谁能够获胜，原因如何；教师也可以教给学生国外的风俗习惯、饮食文化等知识，让学生在相关的情境中讨论中外风俗习惯与饮食文化的异同；等等。这些有着具体问题的生活情境能够激发学生的学习主动性，学生能根据自己感兴趣的问题查阅资料，运用语言，丰富自己的写作素材，为英语写作储备丰富的资料。当然，需要注意的是语言情境的创设一定要适合学生的发展需要，也要能结合写作教学的内容。经过一段时间的训练，学生在问题解决过程中、在情境活动中不断习得写作的相关语言、内容、结构、语篇等相关知识，其英语写作的基本功逐渐扎实，英语写作的积极性也能得到提升，写作教学的效果自然而然就获得了提升。

四、Creation：独立创作策略，引导学生开展写作

写作是学生思考创作的过程，反映了学生思维运行的轨迹，是学生个体与社会交互的结果。“写作是学生综合语言运用能力的体现，它与学生的语言使用能力和逻辑思维能力有着密不可分的关系。”[①]教师在写作教学中要引导学生利用习得的语言、内容、语篇等知识按照一定结构重新进行构建和创作，独立完成写作。学生独立完成写作能发展学生的写作能力，也能锻炼学生的逻辑思维能力，学生思维的流畅性和逻辑性都能随着写作能力的提升而获得发展，而且思维能力的发展对学生发展的重要性还超过写作本身。

写作的本质就是一种源于生活、回归生活的艺术创造[②]。正所谓“文章本天成，妙手偶得之”。英语写作是学生独立创作的过程，英语作文是学生创作的结果。但是在一些英语写作教学中，教师的强制性要求和指令过多，教师以个人经验为基础构建模式化教学，学生的写作完全是教师思维模式的翻版，缺乏学生个人的独特性、思想性和创新性[③]。因此，在写作教学过程中，教师的教学要以学生为中心，发挥学生的创作积极性，凸显学生作为学习主体的个性与创造性，让学生把自己的思想观念与生活体验融入写作过程，实现学生写作的自主生成与主动建构。在写作过程中，教师不仅要引导学生注意语言的构建，按照正确的语法结构和合适的语篇布局，组织文章的篇章结构，更要注重鼓励学生在写作中生成创新想法，表达个人的主观想法，以发展学生的创新精神和创造能力。

五、Evaluation：综合评价策略，提升学生写作效果

在英语写作教学中，评价是非常关键的活动。评价具有诊断、反馈和激

① 常玉梅. 高中英语写作教学智能化探索［J］. 教育理论与实践，2019，39（20）：51–53.

② 王海兵，胡德刚. 高中英语写作教学须培养的三种意识［J］. 教学与管理，2016（7）：34–36.

③ 常玉梅. 高中英语写作教学智能化探索［J］. 教育理论与实践，2019，39（20）：51–53.

励的作用，能反馈学生学习中的问题，能帮助教师判断学生的学习状况和学习效果，有利于教师改进教学。但是目前的英语写作教学中的评价往往存在三个问题：其一，评价不及时。教师较少在写作课堂上立即评价学生的作品，而是在课后再进行批改与点评。其二，过于注重教师评价，忽视学生自评与生生互评。其三，仅仅关注学生某一次的评价，忽视了学生写作学习全过程的评价。新课标提倡“采用形成性评价与终结性评价相结合的多元评价方式，重视评价的促学作用”。基于此，教师应采取综合评价策略，通过多样化的评价方式让学生在体验、交流和分享中欣赏文章，提升自己的写作能力。因此，在PEACE教学模式中，教师评价应采用以下方式：第一，及时评价。“促进学习是评价的主要功能。为学生提供关于写作过程和结果的即时有效的反馈信息是促进学习的有效手段。”[①]教师为实现及时评价，还可以运用智能批改的方法。借助人工智能、大数据与云计算等新的信息技术，教师可以在学生完成作品后立马给出反馈与点评，及时让学生了解自己的问题并改正，实现提升，这也是课程标准所提倡的。第二，学生参与评价。学生完成写作后，教师可以让学生展开自我分享与同伴互评，学生分享自己的作品，请同学互相评价，引导学生对写作的内容深入思考，同时进行借鉴学习，获得发展。第三，档案袋评价。档案袋评价是指把课堂上学生的写作作业、每次测试的写作作品收集起来，记录学生一段时期的成长历程，展示学生的写作成就，帮助学生发现自己写作的进步，树立写作的信心。同时，档案袋评价也可以发现学生在学习过程中存在的问题与缺漏。基于此，教师可以长善救失，帮助学生提升自己的写作水平。尤其是随着当前信息技术的发展与师生信息素养的提升，借助计算机与互联网，档案袋评价的操作越来越便捷。

综合评价策略不仅有评价方式的综合，还有评价主体与评价内容的综合。如前文所述，综合评价采取学生自评与生生互评的方式，丰富了评价的主体，让学生这个学习的主体参与到评价中来，充分发挥学生参与学习的积

① 牟金江. SMART原则下的高中英语写作教学与评价［J］. 课程·教材·教法，2011，31（5）：60-64.

极性，让学生获得多视角的反馈意见，在综合评价中获得提升。评价内容的综合是指评价不仅要注重学生问题的发现，查漏补缺，还要注重学生优点的发扬，树立信心。教师需要注意创造性使用评价语言，在评价过程中要更多地欣赏学生的作品，指出学生作品中的优点，激发学生写作的积极性，提升学生写作的自信心，消除学生的畏难与害怕心理，真正让学生爱写作、乐于写作。

六要素整合的"英语学习活动观是指学生在主题意义引领下，通过学习理解、应用实践、迁移创新等一系列体现综合性、关联性和实践性等特点的英语学习活动，使学生基于已有的知识，依托不同类型的语篇，在分析问题和解决问题的过程中，促进自身语言知识学习、语言技能发展、文化内涵理解、多元思维发展、价值取向判断和学习策略运用。这一过程既是语言知识与语言技能整合发展的过程，也是文化意识不断增强、思维品质不断提升、学习能力不断提高的过程"①。基于这一英语学习活动观的PEACE写作教学模式对于提升高中生的英语写作能力具有重要作用。因此，在教学中，教师要以行动研究不断完善PEACE写作教学模式的策略，从而走出高中英语写作教学的困境，引导学生在写作学习过程中激发学习兴趣、开展自我体验探究、积极习得写作知识、独立开展创作，提高写作兴趣和能力。同时，教师还要在评价上下功夫，采取综合的、多元的评价策略，以此来提高学生的创造性和批判性思维能力、探究能力和创新精神，从而提升学生的英语综合素养。

---

① 中华人民共和国教育部．普通高中英语课程标准（2017年版2020年修订）［M］．北京：人民教育出版社，2020.

第五节

小初高纵向融通的英语读写“X-PACE”教学模式建构及实践

读写是学生的一种生活方式，能使学生在文化熏陶中成长、积累，丰富自身底蕴，提高整体素养，呼应了《中国学生发展核心素养》培养“全面发展的人”中人文底蕴、科学精神、学会学习、健康生活、责任担当、实践创新六大核心素养，由此《义务教育英语课程标准》和《普通高中英语课程标准》对不同学段学生在读写方面提出相应要求。然而，研究发现小学、初中和高中英语读写课堂仍存在以下问题：①教学目标缺少衔接性；②教学资源缺少关联性；③教学设计缺少整体性；④教学策略缺少适应性；⑤教学评价缺少激励性。

研究者7年来秉承小初高学生成长大整体教学观，建构小初高纵向融通的英语读写“X-PACE”教学模式，致力打破小学、初中、高中学段壁垒，在相应地区及学校推广应用阶段，产生了积极影响——促使学生成为主动连贯发展的主体；提升了学生的英语读写素养；促进了教师的协同发展；丰富了研究理论和实践成果。

一、问题的提出

2016年，研究者在高中任教时发现学生从初中进入高中学习初期存在明显的读写水平差异，表现在进行读写活动时，部分学生难以真正享受英语阅读，只迫于应试压力关注提取语篇信息、完成各类练习，难以形成阅读素养，更无法将其迁移到写作活动中，导致学生读写素养欠缺；部分读写表现较好的学生很大程度上也并非完全得益于校内的课堂教学。于是，研究者决定依据高中生读写情况倒推小学至初高的读写教学现状问题，基于大量的文献研究，依据相关理论，以天河区小初高教育集团学校为实践中心基地，以省内外部分有代表性的学校，包括九年一贯制学校，小学、初中、高中集团化办学等学校为实验基地，通过反复调研、考察，找到小初高读写教学问题的根本原因，以期建构有梯度、有目标的读写教学模式来解决问题，达到学科育人共同目标。

（一）教学目标缺少衔接性

不同学段教师只关注任教学段的英语读写要求，不了解小初高英语课程标准中学段目标的整体架构，导致教学目标和读写教学没有递进与衔接。

（二）教学资源缺少关联性

1.各学段的教材缺少关联度

以广州地区为例，小初高英语教材各学段使用的教材不一致，为读写教学的统一性和梯度性带来很大难度。各学段教材版本编写依据各不相同，课程理念、总目标、阶段目标和学生年龄特点也不尽相同，这对各学段教师的读写衔接教学提出了很大的挑战。

2.各学段的读写教学资源缺少关联度

由于各学段教材版本不一，教师所使用的资源在层次、类别的选择上也不同，各学段教师进行读写资源整合的方式方法也各不相同，以致各学段读写教学资源欠缺关联度。

（三）教学设计缺少整体性

读写教学整体设计流程步骤不统一，不考虑学段的英语读写要求的差异性，教学设计随意性较大，没能形成学段整体关联的、科学有效的英语读写教学模式。

（四）教学策略缺少适应性

学生没有形成自主建构英语读写主题结构化知识的意识，英语读写教学策略没有体现纵向融通、学段进阶，没有针对不同学段学生的认知水平、年龄特征做出适切性的调整。在读的方面，学生对阅读文本存在浅层次理解，没有深入理解文本背后的内涵意义；在写的方面，缺乏创意性写作，机械性模仿、堆砌式写作的现象较多，所以学生越到高年级，读写困难越大。

（五）教学评价缺少激励性

课程标准强调教学评一体化，但是评价的单一性和随意性也导致各个学段读写教学效果不佳；教学评价主要集中在对学生写作成果的评价，对过程性评价的关注较少，忽略了学生读写学习的实际需求。

二、解决问题的过程与方法

本研究路径基于立德树人的教材一体化建设，体现教材目标的整体性，坚持国家意志与人才培养的统一；体现教材内容的系统性，坚持标准体系与教材体系的统一；体现教材组织的逻辑性，坚持学段纵向衔接与学科配合；夯实教材建设的根基，建立贯通性课程标准体系。由此可知，既要有一体化的课程体系，又要有相配合的教学模式，这样才能有效地突破衔接处的壁垒，回答立德树人中“培养什么样的人”的问题。

（一）实证研究，建构模式

为精准定位问题锚点，团队开展各学段阅读写作教学衔接的现状调研。调研发现各学段读写教学目标缺少衔接性，教学资源缺少关联性。

教育部根据我国英语教育的现状和未来的发展趋势研制的《义务教育英语课程标准》，在课程性质、理念、目标、内容、学业质量及实施等方面有了重大创新和突破，把义务教育阶段和高中阶段英语教学的性质、目的、内容等区别开来，使英语课程标准更具有科学性和指向性。最新版的课程标准打破了以往条块分割的、初高中分离的课程设计框架，把中小学有机地整合在一起，形成从小学三年级到高中三年级的课程目标体系：小学毕业生达到二级目标，初中毕业生达到三级目标，高中毕业生达到四级目标。

1.目标先行，融通学段

早期调研发现，仅有31%的学生能在读写活动上获得成功感，能常常自主读写。这是因为教师教学目标缺少学段衔接意识，表现在各学段教师虽明白各学段读写教学衔接的必要性，但还是只关注自己学段的读写目标，不关注小学初中衔接、初中高中衔接教学（见表3-3、表3-4），忽略学生发展整体学习和认知培养，导致学生无法建构并调用自己的知识体系，学生不明白读写活动的真正意义，没养成良好的读写习惯。

表3-3　小初高英语教师读写教学的落实情况调查统计（300人，2016年部分数据）

问题	选项	占比
你觉得小初高英语读写教学需要有效衔接吗?	非常需要	53%
	比较需要	24%
	一般需要	16%
	完全不需要	7%

续表

问题	选项	占比
你有计划地开展了小初高英语读写教学吗？	非常有计划	3%
	比较有计划	15%
	不太有计划	75%
	完全没计划	7%

表3-4　小初高英语教学就读写目标研读课标调查统计（300人，2016年部分数据）

问题	选项	占比
你有研读小学、初中、高中三个学段课程标准中的读写目标并找到相关联系吗？	有经常研读	2%
	有偶尔研读	5%
	基本没研读	43%
	完全不研读	50%

研究团队通过构建“五维一体”管理体系，开展学段融通协同教研，选定实验班级为点，开展小范围实验。深入研读学段目标，找准衔接点，对比实验班与对照班，找出衔接小初高读写教学的成效点，并对读写主题进行编码。

2.主题统整，资源重组

调查发现，各学段教材版本不一致（见表3-5），关联度不够；读写教学资源的层次类别和读写整合方式关联度也不够，导致大部分教师在落实小初高读写教学衔接时感觉困难（见表3-6）。

表3-5　小初高英语教材版本对比

学段	教材版本
小学	广州版（一、二年级口语）；教育科学出版社（三年级至六年级）
初中	上海教育出版社的沪教牛津版
高中	人民教育出版社

表3-6　小初高英语教师落实读写教学衔接的困难调查统计
（300人，2016年部分数据）

问题	选项	占比
你觉得小初高教材版本的不一致是落实读写教学衔接的主要困难吗？	肯定是	30%
	很可能是	36%
	不一定是	24%
	肯定不是	10%

基于此，我们通过“基于大单元教学的群文拓展阅读”课例研讨活动、《阅读教学与研究》读书分享会等，帮助教师进一步解读学段课标、突破读写衔接困难；组织各学段教师进行读写资源统整与重组。同时，申报市级课题“STEAM视域下小学英语主题拓展阅读校本课程建设的实践研究”。一是通过教材主题相关文本重组，为教师提供读写衔接资源；二是通过整理有关联性、梯度性、适合各学段的优秀经典课外阅读材料供教师作为教学参考（见表3-7）。

表3-7 小初高读写材料

	小学	初高中
材料	攀登分级阅读、大猫分级阅读	Super Minds书虫、典范英语、阳光英语
	文本重组 （情景对话、记叙文、应用文）	文本重组 （记叙文、应用文、说明文、议论文）

3.整体设计，建构模式

调查分析各学段读写融通与学生核心素养关系时发现各学段读写教学设计缺少整体性，仅有35%的教师会相对考虑此要素（见表3-8）。进而逐步建构小初高纵向融通的英语读写“X-PACE”教学模式，开展实验，探寻读写融通关键因素。

表3-8　小初高教师英语读写整体认识调查统计（300人，2016年部分数据）

问题	选项	占比
你进行读写教学设计时会整体考虑小初高不同学段的要求吗？	非常考虑	8%
	比较考虑	27%
	一般不考虑	55%
	完全不考虑	10%

根据以上数据，研究团队以天河区实验学校为中心，在省内外构建实验共同体，在小初高学段分别开展读写“A-PACE”“C-PACE”和“E-PACE”实践，调查实验学校的条件与现状，进一步分析融通关键要素；完善修正读写“X-PACE”教学模式，提升学生阅读素养和写作表达能力。

（二）实践检验，应用推广

在厘清读写融通策略与学生英语读写素养提升路径时，发现各学段读写教学策略缺少适应性，81%的学生在读写策略迁移运用中表示有困难（见表3-9），于是研究团队以校为单位开展大循环实验。开展不同学段读写目标、资源、设计、策略的教学策略研究，并延伸至省内外逐步推行；检验并改进读写教学模式，凝练读写教学策略，提升学生创造性模仿读写能力。

表3-9　小初高学生完成英语读写活动难易度调查统计（300人，2016年部分数据）

问题	选项	占比
以往的读写学习对你完成现阶段的读写任务有帮助吗？	非常有	18%
	比较有	20%
	一般	43%
	完全没有	19%

以“核心素养背景下教学评一体化的初中英语4I阅读教学实践研究”“六要素整合下构建高中英语写作教学模式策略研究”“初中英语话题整合下的‘PACE’写作教学模式实践研究”“基于项目学习的4C顾问式教学

模式研究”“通过KWL阅读策略建构六年级学生英语阅读图式的梯度活动设计”“基于核心素养的初中英语泛读教学实践探究”等系列课题，优化解决小初高读写策略适切性问题的读写“PACE”策略，为小初高读写结合教学提供经验。

（三）深化创新，广泛辐射

此阶段我们发现，27%的学生完全不喜欢英语读写活动（见表3-10），70%的学生表示阅读后鲜有机会或并不太乐意与他人交流（见表3-11），也就无法获得来自家人、同学的认同，这使学生的读写目的大多停留在表层，学生在读写中可能只是简单地为了满足教师的需求或作业的需求，并没有主动读写、发展能力、提升思维水平、培养审美情趣等方面的需求。

表3-10 小初高学生英语读写习惯的调查统计（300人，2016年部分数据）

问题	选项	占比
你喜欢英语读写活动吗?	非常喜欢	8%
	比较喜欢	23%
	一般喜欢	42%
	完全不喜欢	27%

表3-11 小初高学生英语读写需求调查统计（300人，2016年部分数据）

问题	选项	占比
你会主动进行读写活动并与他人分享读写体会吗?	非常愿意	10%
	比较愿意	20%
	一般愿意	40%
	完全不愿意	30%

由此，我们通过深化读写评价改革，完善评价制度，以多元评价提高学生持续读写的兴趣。开展教师评价素养培训，有序组织实践检验英语读写融通教学的区域联动效应分析；进一步推广教学模式，编制教学评一致的课程

纲要，解决评价单一性与随意性问题，提供经验并以激励性奖励考核检验实践成果。

三、成果的主要内容

7年的教学实践中，研究团队围绕小初高英语读写“X-PACE”教学模式建构及实践不懈地探索，先后在省、市、区级的规划课题中进行相关研究，形成了基于小初高学段英语教材主题和内容重构的读写资源、读写教学策略和教学模式，丰富了以学生为中心的各学段英语课堂教学实践。为推进成果应用，团队向广州增城区、从化区、南沙区、番禺区甚至省内其他地区推广，曾多次以专题讲座和课例形式进行跨区域推广交流，其中2016年和2019年两次在全国学术会议上分享，2017年在省级会议上分享。

（一）建构小初高纵向融通的英语读写“X-PACE”教学模式

经过7年实践，我们日益明确学生核心素养提升的“CPU”便是读写。读写是一种高阶化的英语学习方式，是提高学生创造力的重要途径。以此为核心，我们形成了独具特色的读写理念——读写是学生理解、认知世界和成长的关键要素。最终搭建起较为成熟的以“读写”促进学生核心素养发展的教学模式实施路径——小初高纵向融通的英语读写“X-PACE”教学模式建构及实践，整体框架如图3-5所示。

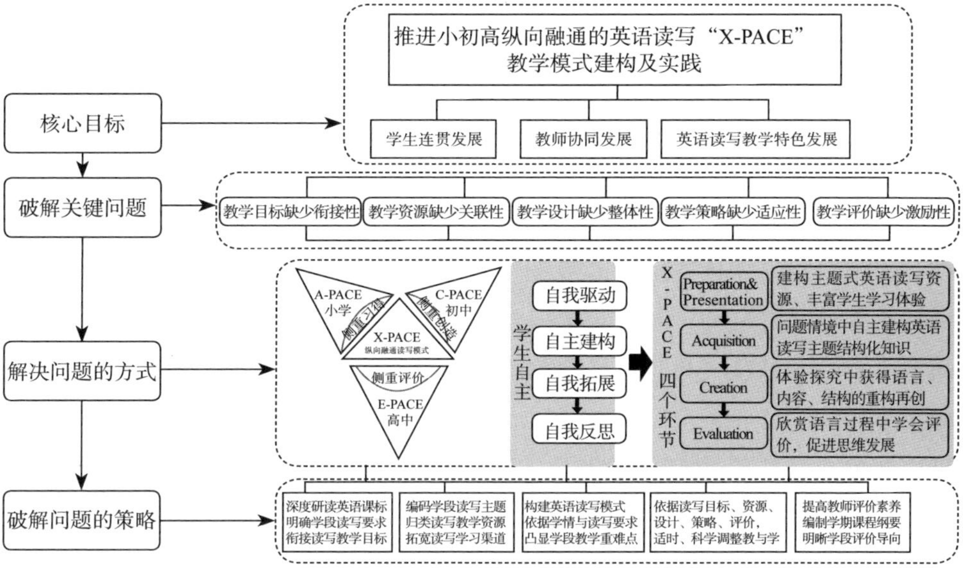

图3-5　小初高纵向融通的英语读写“X-PACE”教学模式建构及实践

小初高纵向融通的英语读写“X-PACE”教学模式是指以“学生连贯发展、教师协同发展、英语读写教学特色发展”为核心目标，以X为变量，在不同学段有侧重地突破学段读写教学难点，以PACE为核心基础，创构有逻辑性的PACE教学环节，根据学段读写目标、资源、设计、策略和评价，适时科学地调整教学策略，有效解决小初高读写纵向不融通问题。

X-PACE变式中，A-PACE为小学阶段读写模式，C-PACE为初中阶段读写模式，E-PACE为高中阶段读写模式，可见“A”“C”“E”作为“X”其中的三个学段的不同变量，是打通小初高读写衔接关键的一记“ACE”球。该读写模式为我国小初高衔接教学提供了基本样态。

（二）“X”精准判断，构建“五维一体”管理体系

为保证对“X”变量做出精准判断，本成果依托区域教研机构，构建研究机构、研制方案、培训人员、组织实践、考核评价的“五维一体”小初高英语读写衔接教学研究管理体系（见图3-6），凝聚小初高研究团队向心力，提

升省内外教师的课程衔接意识与衔接研究能力，形成全方位、多路径、线上线下相结合的可持续专业支持与引领机制。①研究机构：组织体系架构、做出研究决策并及时总结报告研究情况；②研制方案：保证研究顺利开展与成果推广；③培训人员：包括校长在内的研究人员能力培训，明确研究目标、意义及进行方案和制度的解读，如通过核心团队研读，开展区级教研衔接活动、集团校级衔接读写活动、专题讲座等；④组织实践：按照研究进度安排推进，按照区级层面—校级层面—学段落实，按照区中心学校—市内学校—省内学校—省外学校推进；⑤考核评价：依据各校推广应用情况给予相应的激励，比如为优秀推广学校授牌、为研究团队骨干教师颁发证书等确保成果推广效果，确保研究顺利实施。

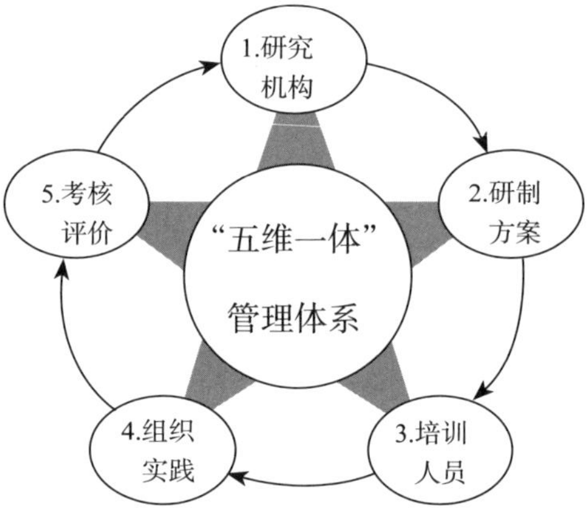

图3-6 "五维一体"管理体系

（三）"PACE"课堂，融通学段读写教学策略

"P"（Preparation/Presentation，准备/呈现）是学生开启读写自我驱动的首要环节。"Preparation"需要教师充分发挥团队力量，深度研读课标，明确各学段读写教学要求及衔接读写教学目标；编码学段读写主题，归类整合主题式多模态英语读写教学资源，拓宽学习渠道。"Presentation"在课堂上激发学生学习兴趣，帮助学生明确读写动机和丰富学习体验。"Double P"共同解决英语读写教学目标缺少衔接性和教学资源缺少关联性的问题。

以“人与自我”“人与社会”和“人与自然”三大主题为范例开展主题式多模态英语读写教学资源整合，得出的小初高阅读文本主要主题群如表3-12所示。

表3-12　小初高阅读文本主要主题群

范畴	主题	小学	初中	高中
人与自我	生活学习	乐学善思，勤于反思，学会学习	积极的学习体验，恰当的学习方法与策略，勤学善思	乐于学习，丰富自我，终身学习
人与社会	社会服务	常见职业与人们生活	职业启蒙，职业精神	未来职业发展趋势，个人职业倾向，未来规划
人与自然	自然生态	自然灾害与人身安全，灾害防范基本常识	自然灾害与防范措施，人身安全与自我保护	自然灾害与防范，安全常识与自我保护

“A”（Acquisition，习得）是学生在问题情境中实现自主建构英语主题结构化读写知识的一环。为此，教师应充分考虑不同学段学生的认知水平、年龄和心理特征，在纵向融通、学段进阶中对教学策略做出适切性的调整。其一，指导学生围绕文本循序渐进地进行深度阅读，在知识获取中投入自己的感情，以培养良好的阅读习惯，提高审美情趣，加强阅读体验。其二，在写作教学上，利用语言文字进行流利表达和交流。在读写过程中，拉近学生与实际生活的距离，使学生通过主动习得，切身体会学习的乐趣，并把所见、所闻、所想、所感完整地表达出来，解决英语读写教学策略缺少适应性的问题。

“C”（Creation，创造）于学生而言，是自我在体验、探究中获得语言、内容、结构等知识，重新进行构建和创作并完成写作的过程。此过程不仅注重学生构建语言的能力，更注重学生在运用语言活动中的创新想法和内容生成。创造，是读写过程的精髓所在，它既是创造性地理解，亦是创造性地写作。教师集体备课团队，需考虑各学段英语读写的差异性、关联性、梯度性和启发性，就小初高读写教学进行整体设计，避免随意性，有效开发既能体现小初高各学段的读写关联，又能体现学段读写要求的语篇类型，如开发应用文、记叙文、说明文等读写资源，使其成为开展创意读写活动的关键载体，解决资源和整体设计的问题。

“E”（Evaluation，评价）是学生自我反思，提升认知水平的关键环节。学生在体验、交流、分享和使用欣赏语言的评价活动中，彼此评价读写作品；同时，教师以此提高评价素养，明晰学段评价导向，利用多种方法及时检查、评价、反馈学生写作，提供充足时间让学生互相了解知识吸收情况以及语言表达能力提升情况，解决教学评价缺少激励性的问题。

小初高读写材料与读写评价活动如表3-13所示。

表3-13　小初高读写材料与读写评价活动

	小学	初高中
材料	攀登分级阅读、大猫分级阅读	Super Minds书虫、典范英语、阳光英语
	文本重组 （情景对话、记叙文、应用文）	文本重组 （记叙文、应用文、说明文、议论文）
活动评价形式	读后续写、续演活动	读写结合、读后续写活动

四、效果与反思

研究团队历经7年坚持不懈的实践探索，形成了基于现有的小初高学段英语教材主题和内容的小初高纵向融通的英语读写“X-PACE”教学模式。

（一）提升了英语读写教学效果

自2016年起，在省内外推行小初高纵向融通的英语读写“X-PACE”教学模式，学生读写积极性得以激发，读写综合能力得以大幅度提升。学生在全国青少年英语口语应用比赛、外研社杯英语能力测试、广州市“爱阅读·有创意”等读写活动中获国家级奖项1项、省级奖项16项、湾区奖项2项、市级奖项5项、区级奖项1项；优秀学生作品在广州图书馆进行展览，刊登在《现代中小学生报》上。

（二）促进了教师专业发展

为推进成果应用，团队跨区域开展80多次专题讲座、学术论坛和课例推广交流活动。其中，开设7门区级继续教育课程、33场省市级讲座、28场学术报告、4节省级公开课、3节市级公开课、5节区级公开课；2021年在粤港澳外语教师教育与发展高端论坛上分享，2022年在全国中小学英语教师公益大讲堂上分享。同时，依托高校引领，开展省市级名教师培养、骨干教师培训等研修项目和跨省市的教育帮扶活动，发挥省市名教师、名校长工作室的辐射作用进行推广应用。成果逐步向广州市内8区、省内市外、省外（江西、贵州、青海）等其他地区推广，受到一线教师的热烈欢迎和好评，英语教育领域专家、同行对本成果认可度高。

（三）丰富了研究理论和实践成果

团队研究课题30项，发表论文35篇，其中国家级期刊4篇，2篇被中国人民大学《复印报刊资料·小学英语教与学》全文转载；出版专著1部。主编“教科版小学英语（四年级上册）系列微课”，参编翼渡英语分级阅读《品读文学经典》（第一辑）、《新发展商务英语写作教程》、《义务教育科学·英语》等多部英语读写教材书籍。

（四）提升了学生英语读写素养

系列化的英语读写教学资源库，拓宽了学生英语读写学习渠道。学生英语读写兴趣越发浓厚，创造性模仿能力越发增强，其创造性模仿的读写能力得以大幅度提升。

团队随机抽样调查了天河区小学五年级、初中八年级和高中一年级近6年期末考试读写题目难易度及得分率（见图3-7、图3-8、图3-9）。横向对比发现：①在针对创造性模仿能力的“读后续写”题型中，无论题目的难易度如何变化，总体得分率皆呈上升趋势；②在建模初期和中期，由于教学整体性和策略适应性的问题，得分率略有浮动，但在优化模式后，实验中后期得分率呈平稳上升趋势。

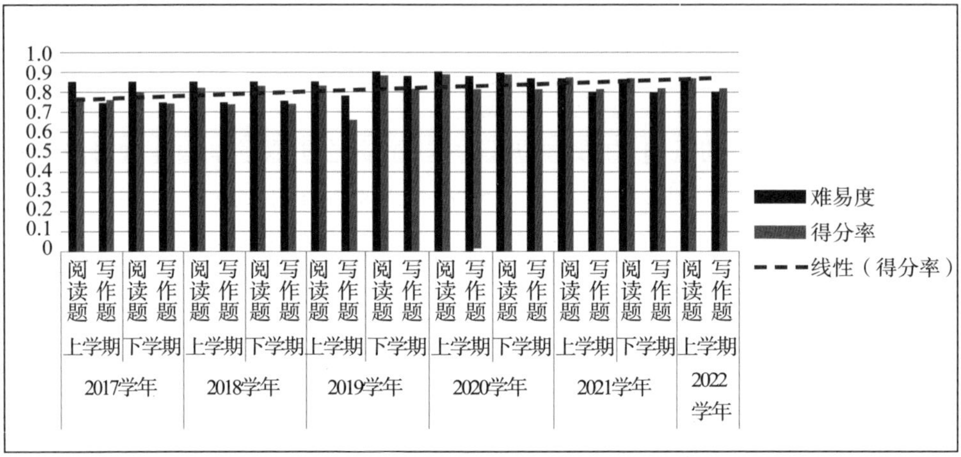

图3-7　小学五年级近6年期末考试读写题目难易度及得分率

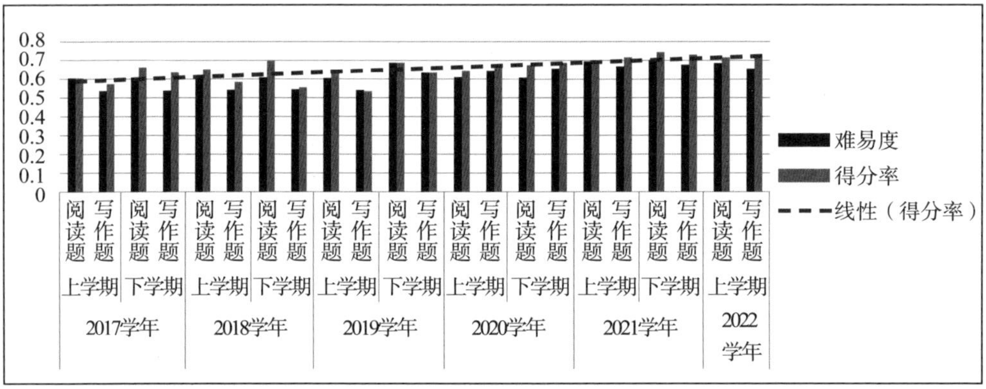

图3-8　初中八年级近6年期末考试读写题目难易度及得分率

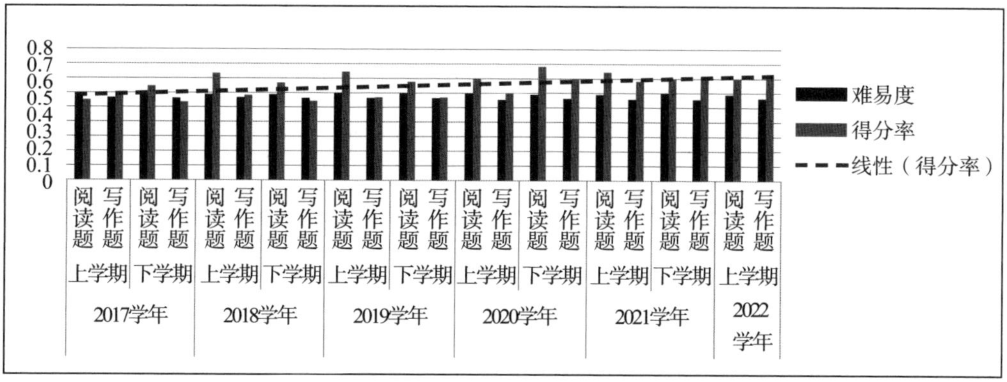

图3-9　高中一年级近6年期末考试读写题目难易度及得分率

从纵向对比看，小初高学段得分率呈逐年梯度增长态势，由此可见，"X-PACE"教学模式使衔接教学颇有成效，各学段学生英语读写能力与素养皆得以提升。

（注：本成果是本人主持的广州市教学成果重点培育项目，共同持有者包括陈燕、林映映、张柳妍、邓晓颖、刘敏）

第四章

英语教育中思行的立体建构

由教学到教育，是学科思维到学校治理的一次拓展。作为一线教师，我总是习惯从学科的角度来看待课堂，这体现了学科教师对于课堂的专注度，但与此同时也对学科课堂的育人价值理解不够。好的课堂，一定能够从自己的学科之中凝练出跨越学科的价值，比如模式，比如理念。由此，从教学到教育既是我课堂视角的一次突破，也是我课程思维的一次转变。

第一节
为学校可持续发展找“支点”

一、什么是办学理念

“办学理念是教育理念的下位概念，是校长基于‘办什么样的学校’和‘怎样办好学校’的深层次思考的结晶。从某种意义上说，办学理念就是学校生存理由、生存动力、生存期望的有机构成。办学理念的功能就是要回答学校的全部活动所涉及的三个基本问题：为什么？做什么？怎么做？这三个问题的答案共同解决了学校的终极问题：学校是什么？”这一表述概括了学校办学理念的本质及重要性。

二、办学理念的意义

在学校发展中，办学理念起着价值引导、观念整合、情感激励、规范调节等重要的作用。如果说学校品牌是办学理念的外显形态，那么先进的办学理念则是学校发展的永恒动力，形成科学的高品质的办学理念是学校发展变革的灵魂。因此，一所学校是不是好学校，最根本的标志是能否促进学生的发展、教师的发展和学校的发展，脱离学校现状和师生实际的办学理念是毫无意义和价值的。

例如，广州市第七十五中学校级领导们深入课堂，认真调研，结合学校的基本情况和发展现状，审时度势地提出了学校的办学理念：从最后一名抓起，抓到最后一刻，盘活优质资源，实现可持续发展。在这种办学理念的指导下，学校高考、中考取得辉煌成绩，学校教育教学质量稳步提高，为教师如何贯彻实施办学理念提供了启示。

三、我的思考

（一）认同

众所周知，学校的办学理念是结合自身的实际，依靠科学发展规律，集思广益，合理制定出来的，而要把学校的办学理念落到实处，不能空喊口号，只有把这种理念融入全校，做到无论是校长还是教职员工，都认同这种理念和目标，学校才能办得长远。教师认同学校的办学理念，是教育实践中至关重要的一环。这不仅能够增强教师的归属感和使命感，还能够推动学校教育的整体发展。教师认同学校办学理念是一个持续的过程，需要教师不断深入了解、积极实践、紧密合作和持续学习。只有这样，教师才能够真正将学校的办学理念内化于心、外化于行，为学校的发展和学生的成长贡献自己的力量。全体师生要把学校的发展作为自己的事业追求，将自身和学校融为一体，与学校行为达到高度的一致。

（二）管理

办学理念能否贯彻落实关键在于管理。管理出质量，管理出效益。在教学管理机制上，着力落实校长室、教务处、教研组、备课组、教师五级管理，突出抓好教研组这一关键和备课组这一重点。在对教师的管理上，要求教师力行“五个认真”，即教师必须认真上课、认真听课、认真批阅作业（做到“四精”“四必”：精选、精讲、精练、精批；有发必收、有收必改、有改必评、有差必补）、认真辅导、认真反思，充分发挥教学值班的作用，对备课、上课、作业、辅导等教学活动勤查细检，及时了解并反馈平时的教学情况，管不落实的人，查不落实的事。

在德育管理机制上，着力落实校长室、德育处、级长、班主任、任课教师五级管理。可以通过竞聘方式，选拔优秀教师担任年级组长和班主任，致力打造一支理念先进、专业过硬、责任感强、年富力强的优秀年级组长、班主任队伍。对班级管理实行“十个一”工程：①班主任例会一周一次；②违纪学生学习班一周一次；③班级情况一周一次小结，一月一次总结；④班主任一学期一个教育个案；⑤一学期一次主题班会竞赛；⑥一学期一篇工作计划、一篇工作总结；⑦一学年一篇德育论文；⑧一学期一次班主任培训会、一次班主任经验交流会；⑨一学年一次班级管理研究会；⑩一学期一次评优奖励。

（三）协调

贯彻落实办学理念还要求我们全面地了解各方面的情况，恰当地安排各方面的工作，妥善地解决各方面的矛盾，盘活各方面的优质资源，做好各方面工作的协调。同时，工作的协调离不开主动地工作，师生之间教师应主动，上下级之间上级应主动，教师与家长之间教师应主动。教职工要有责任心，自觉服从学校安排，认真履行自己的职责，尽心尽力地完成学校交付的任务，并与大家步调一致，协同配合。要努力营造校园师生之间、教师之间、学生之间、管理者与师生之间的和谐人际关系。

（四）突破

一是铸师魂，在教师队伍上求突破。学校要追求教师的最大化发展，充分关注教师的专业成长和终身发展，鼓励教师建立自己的教育思想，支持教师进行教学实验，形成自己的教学风格，让教师时刻感到自己是学校的主人。抓好“四个一”工程（读一本教学理论书，写一篇教研论文，上一堂公开课，参与一个课题）。同时，要形成一种崇高的学校精神，这种“精神”应该是学校文化的积淀，更是教师创新图强的结晶。二是造氛围，在优质资源上求突破。努力实现以严格的要求规范学生，以优雅的环境陶冶学生，以丰富的活动提高学生，以现代的观念武装学生。三是求发展，在特色办学上求突破。《中国教育改革和发展纲要》指出："发展基础教育，必须继续改善办学条件，逐步实现标准化。中小学要由'应试教育'转向全面提高国民素质的轨道，面向全体学生，全面提高学生的思想道德、文化科学、劳动技能和身体心理素质，促进学生生动活泼地发展。办出各自的特色。普通高中的办学体制和办学模式要多样化。"遵循这一基础教育指导方针，学校必须把握住时代精神，盘活学校优质资源，提出教育改革新思路，开掘学校的潜能，扬长避短，实施特色建设工程，在学校办学历史的基础上闯出一条独特的办学之路。

学校办学理念的价值在于为学校提供明确的发展方向和行动指南，指导学校的课程设置和教学方法，提高学校的整体教育水平，以及促进学生的全面发展。这些价值共同构成了学校办学理念的核心意义，也是学校在教育实践中不断追求和完善的目标。我深信，凝聚学校师生的智慧和汗水，沉淀校园文化内涵的办学理念，将会是学校可持续发展的永恒动力。

第二节
新高考背景下对学校发展的思考

党的十八大以来，以习近平同志为核心的党中央坚持把教育摆在优先发展的战略位置。《国务院关于深化考试招生制度改革的实施意见》《关于深化教育体制机制改革的意见》指出必须推进普通高中育人方式改革，深化普通高中教育教学改革，稳妥推进高考改革，把人才培养作为中心工作，全面提高人才培养能力。党的二十大报告提出，从“实施科教兴国战略，强化现代化建设人才支撑”的高度，对“办好人民满意的教育”做出专门部署。一场影响中国基础教育观念、教学方式、人才培养模式的革命正在逐步推行、有效发生。

一、新高考背景下对学校管理的思考

随着高校招生制度的改革，新的考录模式必然引发一系列的连锁反应。新的高考时代给了学生更多的选择和自由，如何用好新高考的规则对学生、老师和家长是种考验，但对于高中教育来说未尝不是新的机遇，高中学校必须顺势而为，把握教育改革动态与趋势，深刻理解高考改革的内涵与任务；更新学校管理理念，提升学校管理者的课程与教学领导力；转变教育教学观念，探索适合自身发展的学科教学路径；树立生涯规划意识，加强自我认识，提高教师生涯规划指导能力。

面对变革，作为高中学校管理者，我们需要思考如何从高考改革试点地区学校获取成功经验；思考在高考改革背景下的学科教学变革，如何转变教

育教学观念，探索适合自身发展的学科教学路径，创新学科教学实践；思考在高考改革背景下的课程体系重构；思考新高考如何倒逼学校教学管理体制重建；思考高考新政下学生升学路径选择与实现；思考在选课、走班过程中，教师和学生流动性大，学生上课迟到、早退现象较多，课堂纪律也有所下降的问题应该如何解决，如何管理学生；思考在高考改革下，一线教师如何帮助学生了解自我、了解大学专业，并指导学生选科，进而引导学生进行生涯规划，学校如何建立本校特色的生涯教育体系；思考如何引导学生应对高考带来的挑战，如何针对高考改革变革学校管理，学校范围的选课走读如何组织，行政班与教学班如何并存，师资如何配备，场地和课时如何安排，管理信息如何畅通，学生的安全如何保障；等等。

二、把课改教改放在信息化大背景下设计和构建智慧教育

2010年，《国家中长期教育改革和发展规划纲要（2010—2020年）》指出信息技术对教育发展具有革命性影响，必须予以高度重视。2012年，教育部《教育信息化十年发展规划（2011—2020年）》明确了教育信息化发展目标。在2012年全国教育信息化工作电视电话会议中，刘延东副总理指出，“十二五”期间，要以建设好“三通两平台”为抓手。2017年，《国家教育事业发展“十三五”规划》提出，教育质量全面提升，教育发展成果更公平地惠及全民。在党的十九大报告中，习近平主席八次提到互联网。对新时代教育信息化的重要性，教育部用“四个必将”加以阐明。教育信息化必将带来教育理念的创新和教学模式的深刻革命，必将成为促进教育公平和提高教育质量的有效手段，必将成为泛在学习环境和全民终身学习的有力支撑，必将带来教育科学决策和综合治理能力的大幅提高。党的二十大报告中明确提出推进数字化的战略要求，将其视为教育领域的一项重要任务。因此，我们要把新高考背景下的课改教改放在信息化大背景下设计和推进，从而构建智慧校园和智慧教育体系。

什么叫智慧教育？简而言之，就是“精准、个性、思维、创造”这八个

字。通过构建技术融合的生态化学习环境，以及培植人机协同的数据智慧、教学智慧与文化智慧，本着“精准、个性、思维、创造”的原则，让教师能够施展高成效的教学方法，让学习者能够获得适宜的个性化学习服务和美好的发展体验，使其由不能变成可能，由小能变成大能，从而培养具有良好的价值取向、较强的行动能力、较好的思维品质、较大的创造潜能的人才。

让学生学习无边界。让学生在享受教学互动的同时，可以享受更多的教育资源。同时建立快速流畅的家校互通、师生互通渠道。课室和功能室都配置多媒体平台，实现校园无线网络全覆盖；安装“班班通”教学平台；建设以“一对一”智能学习终端为主体的智慧教室。在校园网内部建立校本特色教学教育资源库；学校信息化教学实现常态化，提高学科和年级信息化教学覆盖率。各学校纷纷对智慧校园的建设与应用进行整体规划，逐步推进智慧校园的建设，与知名企业合作引进“智慧课堂直通车”“人工智能创客教育直通车”等资源，让学生体验智慧校园的无穷魅力。

让课堂教学无边界。突破传统课堂教学固定的形态，利用科技，对学校的内容供给、智慧学习环境、教与学的方式以及管理与评价进行重构。实现跨班级、多维度教学空间，还学生以完整的学习成长情境。广州市智慧校园实验校的建设重点是面向课堂及创新环境的智慧校园建设，向教师和学生推广智慧教学资源平台等软环境应用。学校逐步向教师、学生配备智慧课堂教学平板电脑，课室逐步安装智慧课堂云平台、智能班牌。完善创客空间，建设纳米实验课室、VR创新教学实验室、录播室和智能广播系统。在课程方面，以培养拔尖创新人才为课程设计目标，以学生生涯发展指导为线索，以系统的STEAM课程建设和学习环境为特色，在教育信息化的技术支持下，再造教育流程和教学方法，系统提升综合实践能力、创新能力和学术研究能力，最终实现学生的个性化教学。

让校园管理无边界。利用集控系统，将校园信息、校园资源、校园反馈、校园管控集合到一起，使整个校园真正融为一体，包括巡课、平安校园、远程教学观摩、远程设备管理、权限管理、教学应用管理等。学校建设重点是面向管理的智慧校园建设整合。完成智慧校园管理统一集成支撑平台及智慧管理的应用建设（办公管理、教务管理、考评管理、师生综合管理、实验室管理、资产管理等），实现智慧校园各建设模块的常态化应用，实现校园管理的智慧化，形成具有学校特色的智慧校园建设成果，并通过组织各种形式的活动来展示智慧校园教育信息化应用成果，形成示范。学校管理者可以了解学生心理健康、学业规划合理性及教师负荷；通过学科能力分析指导学生选课、教师调配；根据学生选择和学校资源实现分层教学并自动排课。学校教师能够了解学生心理、学业等动态指标；运用测评大数据，实现个性化教学；根据班级学生的特点分析实现因材施教。学生可以发现学习风格、学科兴趣、学习焦虑等潜在因素，制定自我监控、自我调节、评价和反思策略，多维度综合决策学科选择、大学专业报考。学生发展课程体系能够帮助学生做出考试科目选择，适应新生活、学科与未来发展的关系；帮助学生树立职业理想，了解职业世界，建立自己与工作世界的关系；帮助学生做出大学选择及专业决策，建构认同与适应的生涯信念。

除了加快推进校园信息化建设的进程之外，学校还要积极探索“互联网+”时代教师发展模式，促进信息技术与教育教学的全面深度融合。未来，数字化教学环境将继续融合各种先进技术和教育理念，为学生提供更加丰富、个性化的学习体验，同时也将更加注重培养学生的创新能力、团队协作能力和跨学科知识应用能力，实现从资源共享走向数据驱动、智能融合的新阶段，发挥教育强国建设中的战略支撑作用。

第三节

责行天下，经典人生

中华经典文化是先贤圣哲们留给我们的宝贵精神财富和智慧结晶，其内容精辟、寓意深刻、感染力强，在治学、励志、修身等诸多方面都有警示作用，是德育教育宝贵的资源，对学生精神品格的培养有着积极的现实意义。习近平主席提出的“把古代经典嵌在学生脑子里”为课改指明了方向。广州市天河区早在10年前就把经典教育工程确立为十大工程之一，体现了天河教育的追求：让教育回归本真，让教育提升生命。作为教育工作者，我们应该借助经典文化的独特魅力，更好地促进学校德育工作的有效开展，让德育以多姿多彩的形式良性发展，让学生成为品德高尚、人格健全、诚信友爱、温文有礼的真君子。

我们看到，很多学校将国学经典引入校园，把“经典人生”作为学校的教育愿景，注重学生的全面发展和个性化教育，强调学生的多元发展和批判性思维、创新能力、领导力培养。那么，如何推动经典教育和学生全面发展的融合值得我们深入思考。

一、顶层设计

中华传统经典文化历来重视人的品德教育，强调人性的教育，重视道德的培养，强调为人要谦和、仁爱、宽厚。让孩子汲取传统文化的养分，才可以使他们获得成长所需，尤其是心灵的成长所需，否则，只有身体的长大而心灵没有成长，就会“头重脚轻根底浅”，成不了大才。通过学习传统经典文化，可以让学生明白人生道理，如应该以感恩的心去对待自己的父母，应该以乐于助人的心去对待有困难的人，应该以宽容的心去对待犯错的人，等等。经典文化能教我们如何做一个善良的人、做一个孝顺父母的人、做一个有礼貌的人。可以说，经典文化仿佛是指明人生方向的指南针，在你看不清前方时，为你拨开眼前的迷雾，为你指出正确的方向。

学校应立足自身实际，以学校特色课程为载体，将经典与责任融合，围绕“培养学生‘以天下为己任’的使命感和责任感”的特色经典教育思路，以“经典诵读”为丰厚依托，以“经典课堂”为有效渠道，以“经典素养”为涵养目标，培养学生敢于担当、乐于担当、善于担当的核心素养，陶冶学生情操，提升美育素质，增强社会责任感。

二、课堂启悟——让经典浸润学生心灵

目前，我国的教育制度仍然偏重应试教育，只要高考制度不变，教育的现状就很难改变，以分取人现象仍然存在。在学校，思想品德课效果不尽如人意，学生也觉得思想品德课枯燥乏味，宁愿在课上悄悄地做作业也不愿认真听课，课堂根本达不到教育孩子思想的目的。这样的德育缺乏真正的思想碰撞，起不到好的效果，更谈不上人文素养的提升。长此以往，重智轻德、高分低能、是非不辨者比比皆是，这是人文价值和文化底蕴的流失，严重则会导致道德品质的低下，恰与德育的目的背道而驰。

新发布的《义务教育语文课程标准（2022年版）》要求学生背诵古今优秀诗文，其目的之一就是让古老的智慧、经典的知识、脍炙人口的诗文，益学生之心智、怡学生之性情、滋养学生之人生。经典诗文具有极高的文学价值和丰富的人文精神，品味它、诵读它，可以修身养性，可以增加智慧，可以开启成功之门，也可以享受快乐人生。开展经典诵读，有利于学生树立远大目标，培养正确的价值观和人生观，也有利于德育管理和德育最终目标的实现。

温家宝总理说过，“中华文明以其顽强的凝聚力和隽永的魅力，历经沧

桑而完整地延续了下来，拥有5000年的文明史，这是我们中国人的骄傲。中华民族的传统文化博大精深、源远流长。……对家庭、国家和社会起到了巨大的维系与调节作用。”“中华民族的祖先曾追求这样一种境界：为天地立心，为生民立命，为往圣继绝学，为万世开太平。今天，人类正处在社会急剧大变动的时代，回溯源头，传承命脉，相互学习，开拓创新，是各国弘扬本民族优秀文化的明智选择。我呼吁，让我们共同以智慧和力量去推动人类文明的进步与发展。我们的成功将承继先贤，泽被后世。”可见，传统经典文化不仅关乎个人，甚至关乎国家、关乎未来。

学校要把经典文化的点点滴滴融入学生们的生活当中，让学生们得到一种民族情感的熏陶，使学生们养成孔孟所提倡的至大至刚的人格。教师要怀着一颗虔诚的心带领学生们遨游中华经典文化的浩瀚星河，让传统经典文化教育像大树一样深深扎根在实践的土壤里。

（一）开设经典课程

经典教育主阵地是课堂。学校要专门开设经典课程，初中可以每周一节，由专任教师授课，所用教材可以是校本课程、《论语选读》和《礼记选读》等；高中两周一节，由语文教师授课，所用教材可以是《中华文化基础教材》《论语选读》等。

学校在常规教学中要坚持做到“五个一”：每日晨读，诵读一篇经典诗文；每节语文课前3分钟背诵一篇经典诗文；每周一节经典专题研讨课；每周让学生搜集一句经典名言警句或一个经典故事；每个假期学生要阅读至少一部经典文学作品。做到“三保证”：保证每一个语文教师都参与；保证初高中年级每一个班有固定的学习时间；保证每一个学生都有诵读读本。

（二）融合学科特色

学校要不断探索寻求经典文化在学科中拓展渗透的最佳切入点，探究在学科中拓展、辐射的内容，摸索拓展辐射的有效形式，以此拓宽学科知识面，增加学科知识量，提升学科素养。

一是与语文学科结合，让经典诵读与识字、阅读、表达相伴而行，并最大限度地融合到语文教学之中，作为语文教学的补充、拓展和延伸，实现语文教学与经典诵读的良性互动。如品味语言，在识字中积累成语；积累素材，在阅读中品读经典；升华境界，在习作中引用经典名句等。二是与音体美学科结合，在音乐教学中配乐吟唱古诗文或舞蹈，在体育教学中练习太极拳，在美术教学中进行诗配画等。

（三）创设常规形式

创设常规形式开展教与学：习字——开展书法课，每天中午练字10分钟，提高汉字书写水平；背诵——每周升旗仪式师生同诵经典内容，每周经典课背诵相关文段；讲解——以“主题教学”为主线系统讲解；讲演——提供平台，物化成果，班级开展论坛；写作——假期学生要阅读至少一部经典文学作品，撰写读书笔记。

（四）定期检验成果

经典教育常规形式需要学校定期举办各项比赛来检验成果。比如经典作品书法大赛、“阅读经典，感悟人生”手抄报大赛、“责行天下，经典人生”演讲比赛、“阅读，悦读”征文比赛、“我最欣赏的孔门弟子”征文比赛、“知行合一”征文比赛等。此外，为推动经典教育的深入开展，学校还可以申报专项课题。

三、社团延展——让经典发展学生特长

应该强调的是，经典教育不仅仅是“语文经典”的教育，它同时包含了“音乐经典”“美术经典”“武术经典”“棋艺经典”等内容。譬如在“音乐经典”方面，可以透过聆赏中西古典音乐，来训练学生的音感，陶冶学生的性情；在“美术经典”方面，可以借由欣赏世界名画，来培养学生的美感，丰富学生的心灵；在“武术经典”方面，可以教导学生八段锦、太极拳

等东方武术，来强健学生的体魄，提振孩子的精神；在“棋艺经典”方面，可以指导学生学习象棋、围棋，来训练其逻辑推理的能力，养成缜密思考的习惯。诸如此类，皆构成经典教育丰富的内涵。通过多元的拓展，让经典的魅力尽情释放，让德育“活”起来，使德育不再单调呆板，而是呈现灵动的风采。正如“随风潜入夜，润物细无声”，为德育的有效性和良性发展奠定良好的情感基础。

结合学校课程资源的实际，学校可以开展以“经典教育”为主题的校本课程，从“文学语言”“艺术素养”“体育技能”“科学素养”“综合实践”等方面进行开发。如“文学语言”方面有文学社、模联、戏剧社；“艺术素养”方面有音乐社、街舞社、动漫社、配音社、摄影社、美术社；“体育技能”方面有太极拳社；“科学素养”方面有机器人社；“综合实践”方面有国学小义工、心理社等。

四、日常渐染——让经典渗透学生生活

现代社会环境复杂多样，价值取向趋向多元化，人与人之间的交往日益密切。人们在交往中，不可避免地要涉及言与行的问题。经典文化中的言行导向，尤其是孔子的言行观，对于当前人们的言与行和现实生活具有重要的启示意义。

孔子对于言行的基本态度是“言行谨慎”。在《论语》中，孔子多次提到“慎言”“慎行”的观点。孔子说：“君子食无求饱，居无求安，敏于事而慎于言，就有道而正焉。”慎言即是不多说话，甚至无言。孔子反对花言巧语，因为“巧言令色，鲜矣仁”。在孔子看来，那些在言语时装出和颜悦色、夸夸其谈的人，其实其内心并没有多少仁德，是伪君子。所以，孔子认为人们应该少说空话，多干实事，言语观的最高境界是“无言”，即只做不说。孔子相信无言的行为有时会胜过千言万语，只要踏踏实实践行了，就会起到“此时无声胜有声”的作用。

学校可以巧妙利用视听时间和空间，确定“经典教育”五篇章，用经典

浸润学生的人生。经典欣赏篇：每天校园广播播放名家诵读国学的录音。经典积累篇：每周升旗仪式师生同诵经典内容，每周经典课进行学习和积累。修身健体篇：初一年级学生每天下午在阳光体育一小时时间学习太极拳。名句推介篇：利用校园宣传栏推介圣人，解读经典。习字养性篇：每天中午练字10分钟，各班语文教师评选出优秀作品后张贴展示。

五、社会践行——让经典强壮学生脊梁

榜样的力量是无穷的。例如孔子的勤学好问，诲人不倦。他“入太庙，每事问”，自述“发愤忘食，乐以忘忧，不知老之将至云尔”，这不正是一种“活到老学到老”的精神吗？他教育学生“学而不思则罔，思而不学则殆”。他以满腔的热情无私地奉献着自己，对弟子无所隐瞒。他诚恳地对弟子说：“二三子以我为隐乎？吾无隐乎尔，吾无行而不与二三子者，是丘也。”正是这无隐无私的精神赢得了学生的信赖，堪称一代师表。“博学于文，约之以礼。”“学而不厌，诲人不倦。”圣人的教导，渗透于点点滴滴、一言一行中，今人受用无穷矣！

德育工作的主要内容之一就是对学生言行举止等行为规范的教育，古代圣贤给我们留下了宝贵的文化遗产，让学生浸润其中，“感乎言，学乎行”，这不比声嘶力竭枯燥无味的大道理更有实效吗？

学习经典，重在践行。以经典教育为抓手，将国学经典的思想内容与学校德育有机结合。以经典教育开启学生心智，规范学生行为；以责任教育促使学生养成良好的文明习惯，培养学生的健全人格，促进学生全面发展。通过系列社会实践活动，把知和行统一起来，用知指导行，用行深化知、升华知、巩固知、发展知，从而达到学而知、知而行、行更知的德育教育效果。

六、活动引领——用经典打造学校品牌

德育管理决不能只是说教，它需要寓德于乐、寓德于趣。哪怕是再好的

内容，如果只是以教条、教规、条例等僵硬的姿态呈现，那最终的结果也只是让人反感甚至反其道而行之。经典教育有其独特的魅力，要让这种魅力最大程度地得到学生的认可并转化为内在的驱动力，那就需要讲究形式与内容的最佳契合。

即使是目前比较盛行的国学经典教育，也要切忌以单调的诵读为形式和目的，而要多形式、多途径渗透学生道德建设的相关内容，让经典课堂成为进行国学文化教育、提高学生道德水平、促进学校德育管理的主要阵地。教师在讲授时应该把道理讲透、说清，还要结合现代社会道德要求以及生活实例等进行讲解，古今贯通，古为今用。也可以采用朗诵比赛、演讲比赛、背诵接龙、课本剧、小品表演、开故事会等方式，这样学生的学习热情才能真正发挥出来，学生学习活动意兴盎然，其乐融融，德育管理的良好局面也就自然而然，水到渠成。

作为教育工作者，我们要充分认识到传统经典文化在学校德育工作中的作用，加强对学生的传统经典文化教育，从而用其魅力去构建学生的品德美，去养成学生的行为美，去铸造学生的才华美，全面提升学生的人文素养。让德育融进学生的成长，让学生参与各种经典文化活动，学习、实践、体验、感悟、内化、升华，成为道德的主人，从而进一步树立正确的世界观、人生观、价值观。因此，我们要借经典文化的独特魅力，促进学校德育工作的有效开展。

在经典教育具体的实施过程中，遵循学生的认知规律，由表及里、由浅入深地引领学生探究中华传统文化的奥义。如何实现教授传统经典的初衷，又不缺失学科教学该有的味道，是我们在以后的教学工作中要努力解决的一个重要问题。

七、教然后知不足，在学习与实践中面临的挑战

我们深知，诵读国学经典，传承中华文化，是我们每一个教师肩负的历史重任。但实际情况是，教师的国学功底不够深厚，亟须提高。通过培训、

观摩和学习，加大教师的阅读量，提升教师的水平，是提高中华经典教育质量的关键。启悟践责读经典，以文化人育良材，在经典教育的润泽下，学校一定会一天天丰厚底蕴，提升内涵，向着书香、生态、和谐、人文的目标昂首迈进。

第四节

创建优质高三年级文化要重“四气”
——回顾2018届高三

高三年级文化是以高三学生为主体，以高三年级和班级为主要空间，以树立远大理想为导向，以环境文化、行为文化和教学管理文化建设等为主要内容，以高三年级精神为主要特征的一种群体文化。高三年级文化既包括年级环境美化等物化的内容，也包括年级级风、班级学风以及各项规章制度。优质的年级文化会对高三师生形成巨大的心理“磁场”，在无形中凝聚师生的“灵魂”，在无声中彰显润物的“魅力”，形成共同的良好愿景和向上、向前的意志和决心。而厚积薄发，就要求我们在创建高三年级文化中要重“四气”。

一、高三年级美化要“接地气”

教育就是要精雕细琢，春风化雨，润泽无声。一草一木、一人一景、朝夕相处，是刻画在学生生活里最美的图画。在紧张的高三学习生活中，给教师和学生一个良好的环境，获得教师和学生的心理认同，发挥德育大课堂的功效，是年级文化的核心。年级、班级的墙饰、标语、黑板报等要“接地气”，要体现学生的精神和意志。不同的阶段要有不同的内容，既要从学生的认知水平出发，又要能吸引学生，让学生看得明白、觉得有道理，情感有共鸣。

没有一棵大树是树苗种下去，马上就长成了大树，一定是时光刻画年轮，一圈一圈往外长。在2017年7月31日教师回校前，广州市第七十五中学（本节简称“我校”）年级领导小组带头清扫和美化年级教师的办公室，给教师一个良好的办公环境。在8月1日开学前，我们布置了年级的走廊，张贴了年级纪律要求，强调“专注度=重本率”“守纪律=本科率”。把年级口号“无奋斗不高三”也张贴在醒目的位置，时刻激励学生。在高考前最后关头，年级把校长的寄语“咬紧牙关，勒紧裤带，争取最后胜利”张贴出来，激励学生坚持就是胜利；把校学生会赠送的巨大“赢”字旗挂在教学楼对面，让学生坚定成功的信念；把教师的心形寄语张贴在年级宣传栏，展现同甘共苦的师生情；设计以“一起走过的日子”为主题的年级海报，让学生看到自己努力的点点滴滴……这些年级文化蕴含的精神会一直支撑每一个高三师生奋斗到最后。

二、高三年级精神要“显志气”

年级有远大目标才会有志气，学生有志气才能不断成长。纵观任何一所优秀学校的高三年级，都会有其志气所在和传承的文化精神。要想成功，一定要“任你风吹雨打，我自岿然不动”，坚守信念、专注内功。年级要从自身实际出发，充分分析本届学生生源情况和进步空间，找准年级的优势，并将这一优势科学发挥，带动全年级全方位提升。学生也要从个人实际出发，从高一、高二历次考试中找准自己的定位，树立目标，并为之不懈努力。

（一）没有什么是与生俱来的

我校高三年级在大数据的基础上，根据学情，制定了年级的最高目标。班级在年级的基础上，制定了班级的最高奋斗目标。同时，年级、班级积极指导学生树立远大理想，设定个人理想的大学。对于这个奋斗目标，当时很多老师觉得是天方夜谭，但是经过一年的努力，我们最终超过设定的最高目标。我们深刻认识到，没有什么是与生俱来的，要想成功，一定要向上，不断向上才会有更大的空间。

（二）机会青睐努力者

对于我们这类生源学校，尖子生的培养似乎不是我们的主要任务。但是经过我们的分析，这届生源有希望在尖子生领域取得突破，尽管遇到很多困难，但我们对学生充满信心。年级成立了尖子生邓俊龙的核心辅导团队，单独辅导，打好根基，及时跟踪，加强疏导。最后，邓俊龙同学高考总分664分，全区理科排第4名，全省第429名，获得北京大学博雅计划面试线上加5分资格，考上了中国科学技术大学。正是通过这一优势的带动，我校的高分段学生成绩在全区也占有一定的优势。

（三）没有兴趣就没有学习

在临界生辅导方面，把学生最感兴趣的学科辅导放在首位。我校利用市调研、市一测、市二测，加强成绩分析和指导，并对学生个体进行针对性的分析，尤其关注学生学习的兴趣点。实施临界生的导师制管理，“一师一生”“一生一案”。对每个临界生进行把脉、辅导，争取总分最大化并跟踪落实。在高三下半学期对艺体生单独开班上课，量体裁衣，在专业上线的基础上，确保文化上线。2018届高考本科人数较去年净增50人，增幅17%，临界生辅导成效显著。

年级需要先进的文化引领，需要强大的精神意志，需要积极大胆的实践和探索，更需要准确的目标定位。正是有了这种准确的目标定位，才能形成不达目的誓不休的志气，从而成就最终的目标。

三、高三年级生活要“有朝气”

学校是一个充满生机活力的地方，尽管高三学习非常紧张，我们也要针对学生的身心特点和发展需要开展形式多样的文体活动，让学生在各种活动中获得收获与提升，让学生在生机盎然的校园中朝气蓬勃地成长。2018届高考我校学生在音乐、体育、美术、军警、飞行员、文化各领域全面开花。另有168名学生提前报考高职，增加选择的机会。

（一）学生成长在活动中

要充分利用大型活动如成人礼、百日宣誓、徒步拉练、拓展活动、毕业典礼、喊楼等活动对学生进行减压释放和加油鼓劲。每次活动精心组织，让学生感受学校的温暖、教师的关心。学生每天还必须参加课间的跑操活动，每周2节的体育课活动必须保证。健康的体魄是成功的关键。2018届高考我校有5个学生达到飞行员录取标准，4个学生考上航空类大学，素质教育结硕果。

（二）教书育人在细微处

高三的备考要把握好节奏，有紧有松。开好每周一次班会课，把每次班会课当作一次鼓劲的机会；每天必找目标学生谈心一次，时间可长可短，拉近与学生之间的距离。我校邀请了心理专业志愿者长期接受学生咨询，邀请了南方医院心理科医生开设讲座，让学生正视压力和情绪。年级还开展了丰富多彩的拓展活动，旨在解压和凝聚团队。一模后学校每天提供水果、牛奶、汤水、晚餐等，表达对学生的关爱。

四、高三年级管理要“聚人气”

教师和学生是年级的建设者，在教学管理中要不断凝聚人气，发挥师生的集体力量促进年级的整体提升。只有师生上下同欲，目标一致，才能所向披靡。

（一）把握前进的方向

好的领导团队是前进的引路人。我校成立了高三年级领导小组，由校长、书记亲自挂帅，集体研究年级现状，制定备考方向和策略。领导小组下设执行小组，每周一召开执行小组工作会议，由分管高三的副校长具体负责执行领导小组决议，参与年级管理工作的有年级主任、年级级长、1位班主任代表、1位教师代表，每个人都有具体分工。要求班主任代表在班主任层面发挥表率作用，给年轻班主任树立好的榜样。要求教师代表在教师层面发挥老教师带头作用，协助年级做好教师思想工作。同时，校长带头参与包班工作，出谋划策，激发学生的内驱力。学校形成人人为高三、部门为高三的局面。

（二）打开丰富的世界

我校连续6届高考荣获广州市一等奖，所有科目均连续获得高考突出贡献奖，这些成绩的取得都离不开良好的备考团队。一是每科至少留一个高三骨干教师带新高三，确保经验传承。二是备课组精诚团结。备课组的结构采取老中青搭配，老教师出智慧，中青年教师出力，形成良好的备考氛围和良性循环。学校每两周召开一次备课组长会议，研讨备考重点和方向，强化课堂教学的落实。每周召开一次集体备课活动，凝聚智慧，落实备考细节。教师每天加强反思，思考上什么内容、如何上、效果如何、收获了什么等问题，向课堂要质量。尤其在高三后期，重视课堂上学生的反思，精讲多练，把课堂还给学生。省、市、区各级教研员来我校听课调研时，对我校的备考工作以及师生良好的精神面貌给予了高度的评价。

（三）凝聚奋进的力量

学校开展“我的责任”教育，努力营造“对教育事业负责，对学校负责，对学生负责”的氛围，教师强烈的责任心、事业心成为我校教育教学质量的强大推动力。在年级内，及时表扬兢兢业业、勤奋踏实的教师，用正能量鼓励教师团队。针对个别落后的教师，私下沟通，及时指出问题，平时真诚关心，用真心换取真心。班主任团队、备课组团队、教师团队凝心聚力，上下同欲。

（四）成就更好的自己

成立班级成长小组。在教师指导下，大致将学生分成7个异质小组，教师在小组中担任指导教师，共同为小组的良好运转出谋划策。这种“导师制”活动，有助于建立和谐的师生关系，形成共同的愿景，齐头并进。每个高三学生都要有一本“高三日记”，记录自己成长的点滴。每次大考后，学生进行反思，记录自己的优势和存在的问题，请老师在日记里给自己留言鼓劲，这种过程性留痕，丈量着学生前进的踏实脚步。

有名家说，真正的教育是用一棵树去摇动另一棵树，用一朵云去推动另一朵云，用一个灵魂去唤醒另一个灵魂。只有创建了优质的高三年级文化，唤醒学生自身对美好生活的愿望，让青春怀揣梦想，让智慧遇见美丽，这才是真正的高三教育的宗旨和目标。作为教育者，我们要做的就是真心付出、坚持付出和耐心等待，在美好年华陪学子们一起成长，把对每一个学生的关心落到细节，透过细节把爱洒向每一个学生的心田，未来定会“春色满园”。

第五节

用好“真题”，为高考复习助力

一、研究高考真题的意义和作用何在?

自2017年新课程标准实施、2020年修订，以及2020年人教版新教材首次推出以来，全国范围内如火如荼地进行新课改，落实立德树人的根本任务，努力为国育才。高考作为为国选才的重要途径，要求学生能够触类旁通、融会贯通，既包括同一层面、横向的交互融合，也包括不同层面、纵向的融会贯通。必备知识点之间不是割裂的，而是处于整体知识网络之中。必备知识与关键能力、学科素养、核心价值之间也紧密相连，形成具有内在逻辑关系的整体网络。

高考题在命制时，从研究对象或事物的整体性、完整性出发，不仅要从学科内容上进行融合，突显对复合能力的要求，也要在试题呈现形式上丰富多样，从而实现对学生素质综合全面的考查，极具代表性。因此，充分研究高考题，并把高考题与单元教学相结合，更能实现教学的高效性和有效性。

具体而言，研究高考真题有以下作用:

（一）探寻底层逻辑

每门学科都有自己的底层思维，不同学科往往选择某个或者某几个认知方式作为本学科的底层思维。高考试题作为学科专家集体智慧的结晶，蕴含着丰富的学科知识、学科技能、学科思想、学科活动经验等。试题的资料选取基本来自真实的学科考察和研究工作等实践活动，通常是学科逻辑原汁原味地呈现和反映。透过高考试题，我们能够比较直接地了解到学科专家是如何去观察世界和思考世界，以及如何在现实世界中行动的，从而了解学科底层逻辑。子曰："下学而上达。"即从学习日用事物开始，逐渐提高到通达德义。我们可以从研究高考试题开始，洞悉学科考查本质、重要的知识点和答题逻辑，悟得学科教学之道。

（二）探触评价体系

在研究高考题的过程中，教师对高考试题的构成要素进行纵向和横向统计、分析，如近5年来试题知识点分类统计分析、考查特点分析、高频话题分模块统计分析、话题呈现出来的特点统计分析、重点关注方向建议、设问特点分析，针对性地对一些比较独特、比较难的试题进行分析等，更容易判断什么样的资料是好资料、什么样的试题是好试题，对高考备考提出针对性突破策略，更有利于教考衔接，真正懂得高考评价体系与高考试题之间的关联，深刻理解高考试题的价值取向，更加明确备考方向。

（三）把握命题思路

真题是由命题专家根据学生的习惯思维和做题习惯命制的，善于抓住多数学生在某一知识点上的短处，从而让优秀学生脱颖而出。通过真题研究与练习，教师能更好地理解命题专家的思路，知道他们是怎样设置"陷阱"的。

（四）引导学科教学

高考评价体系将"引导教学"纳入核心功能，这有利于理顺教考关系。作为一线教师应弄清高考为什么考、考什么、怎么考。充分考虑国家课程标准内容、教学实际情况，重点关注教考关系，方能实现有效备考。高考题的命制遵循整体性、完整性，每道高考题都是经过精心研磨产生的，所以高考真题是我们不可多得的复习资料。我们可以利用高考题开发类似的新试题，进行拓展性复习。

（五）检验教学效果

每年的高考真题在命题角度、题量、题型、难度等方面都进行了充分考虑和精心设计，是最好的检验题目。每次使用真题，都是一次检验教师教学水平的绝佳机会。抓住这个机会，能够充分挖掘学生在做题过程中反映出的知识点掌握方面的缺漏，对教学大有裨益，也是检验教师教学效果的重要途径。

二、如何科学合理地用好高考真题，为高考复习备考助力？

有经验的教师往往会在每一年高考后，分类收集高考试题，补充到原有的素材库当中，以备后用。长期积累，可形成资源丰富的高质量素材库。在使用高考真题时，可从以下几个方面进行：

（一）分析高考试题，把握考试方向

教师可对高考试题的构成要素进行纵向和横向的分析，通过研究历年真题找共性，尤其要从最近5年的高考真题中发现试题的共同特征。具体如下：一是命题情境有什么特点。分析命题情境，最主要的作用就是指导教师平时要关注的典型情境方向，分析情境的重点、逻辑。二是问题要求有什么特点。同一个知识点设置的干扰项都有什么区别。分析干扰项最大的好处是对很像正确答案，但实际是错误答案的选项，形成下意识的心理预知，也就是题感。有了这种心理预知，学生在做题的时候就会对一些干扰项进行扼杀式判断，快速提升答题正确率和做题速度。三是关注近5年高考考查特点，尤其是一些热门考点的考查特点。高考真题中反复出现的知识点是高考的高频考点。教师有必要观察高频考点是怎样反复出现在高考试题中的，命题专家是如何对重点知识进行考查的，找出共同特征。

（二）研究近年真题，找未来命题趋势

年年岁岁花相似，岁岁年年题不同，每年高考都有一些比较创新性的题

目出现，旨在落实课程标准的育人目标，有利于高校对考生的选拔，这些变化趋势是高考试题的走向，我们可以从高考试题中“嗅”到一些新发现。

（三）归纳试题特点，完善备考策略

通过对高考真题的剖析，可以总结出近年来各省新教材高考命题方向的走向。以2023年高考英语新课标Ⅰ卷的读后续写为例，所选文章讲述一名以英语为第二语言的中学生在老师的鼓励下参加写作比赛并通过努力取得优异成绩的故事，要求考生根据给定情节续写两段内容。命题情境贴近学生生活，使学生写作更加真实，写作形式更加灵活，内容更加开放，引导学生从自己的视角创造性地表达自己的观点和想法。这种命题方式和趋势，启发教师在日常备考中要努力优化情境设计，高度重视学生思维品质的培养。

教师应通过归纳试题的特点，研究重点难点，反思课堂：是否使用情境化教学？如何选取素材？任务设置是否科学？问题链设计是否符合学生实际，层层递进？及时反思可以促进教师完善备考策略，进行教学重构并优化课堂。在整体思维指导下，聚焦重要概念，把教材与高考真题结合起来，以大单元为复习和训练单位，对高考题进行拓展再开发，开展以高考真题为教学情境的单元复习教学。

具体模型如下：

研究题目 ⇨ 归纳特点 ⇨ 反思课堂 ⇨ 完善策略 ⇨ 重构课堂

精准评价，针对性地选题、创题、编题。通过使用高考题，利用现代化的数据分析技术，可以量化考试情况，精准评估学情。根据学情，进一步优化选题、创题、编题。在研究高考题的过程中，可以以学校、备课组为单位，根据高考试题的内容、特点，按照教学评一致性的思路，建立试题的多维细目表，并根据多维细目表分工进行符合高考试题风格的选题、创题和编题。根据自己的需要命题，根据学生的考情来分析学情，根据学情来反思、改进、强化教学目标，真正做到“以评促学、以评促教”。

第六节

做课程的追光者

有人说，素养是一个人的精神长相，是一个人的人格，是一个人的行为习惯，更是一个人的思维方式。从教育的角度来讲，我们必须凸显素养中最重要的组成部分，即核心素养，它是学校教育的聚焦点和着力点。

2020年8月28日，广东省教育厅出台了《广东省普通高中课程实施方案（2020年修订）》，对落实立德树人根本任务、发展素质教育、深化课程改革以及课程实施，进行了统筹规划和具体部署。发展学生个性特长，培养学科核心素养，都需要丰富的校本特色课程作为立脚点。《中国教育报》上曾经有一篇关于“做一天学生”活动的文章，这个活动可以帮助教师更好地了解学情。广州市第一一三中学（本节简称“我校”）成立课程领导小组，通过亲身体验、率先学习、创新领导，提出了学生素质拓展学分认证的思路和方案。学校还成立了课程开发小组，结合学校地域文化，研究校本特色课程设置，以学校“现代岭南人”特色课程为依托，围绕核心素养的阅读、思维、表达三个方面设计课程。

《学生素质拓展学分认证实施方案》就这样诞生了。本方案是学校特色课程建设的重要组成部分，涵盖了国防教育、劳动技能、志愿服务、社会实践、科技创新、文化艺术与体育活动等7个方面。校本选修课程是必修课程的重要补充，那么，如何上好校本选修课程是值得我们重点思考的问题。我们再次仔细研究了学校的线下和线上“幸福成长课堂教学模式”，一致认为，创设情境“让学生动起来”是教学的根本。

课程如何开设，需要方向的引领。我们借鉴《面向未来的教育：给教育者的创新课》一书中提到的“当今课堂教学的八个原则”，制定了我校校本课程教学的八个原则，即有效发声、自主选择、自我反思、创新机会、批判性思考、解决或发现问题、自我评价、联通学习（见图4-1）。

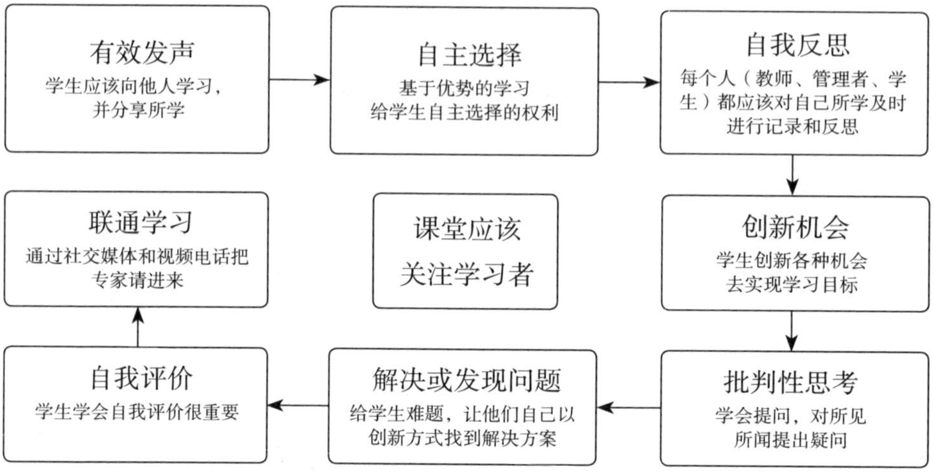

图4-1　我校校本课程教学的八个原则

课程实施和课程改革的关键在于教师。“成也教师，败也教师。”正如朱永新先生所言，“一次次改革之所以最终走入形式主义的老路而成效甚微，根本原因在于教师专业素养的不足”。变革为教师提供了机遇，敦促我们去做些了不起的事情。我校教师根据个人特长和学生兴趣爱好，积极申报校本选修课程，成为孩子们渴望的创新者。课程内容丰富、形式多样、有趣有味。学生选课非常积极火爆，课程一抢而空。

有了方案、有了课程、有了课程原则，我们还需要明确自己身处何处、将去向何方以及如何到达。引发学生选课兴趣后，如何激发学生潜能？激发学生潜能意味着激情、兴趣和未来。那么，我们应该如何保持学生对课程的热情？根据以往的经验，学生在课程后期会出现迟到、睡觉、做作业的现象。我们还需要想办法解决这些问题。

记得教育家吴颖民校长曾经说过：“为什么游戏让学生如此痴迷？我们的教学能否反思和借鉴？”在这一问题的启发下，我们的打卡制度应运而生。我们制作了特色课程打卡表（见图4-2），刻制了课程章。每次课程，学生认真学习完毕后，可以从教师那获取一个课程章。通过打卡积分获取学分，以此作为学习过程中的一种激励手段，推动课程的顺利实施。记得我们在做教师培训时，就连教师们拿到自己开设的课程的印章时都非常兴奋。学生们拿着特色课程打卡表，围着教师要盖章时眼中闪耀着光和快乐！

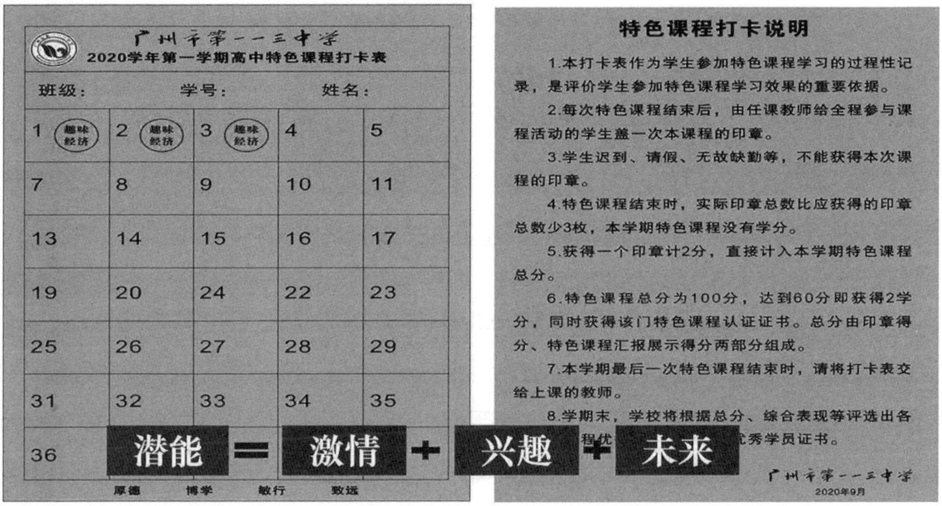

图4-2　特色课程打卡表

看看我们有趣的课程：蛋白质变形记，同学们兴奋地品尝自己亲手制作的豆花。我们的劳动教育课程：给石斛在校园找个家，同学们学会了石斛的种植。当英语遇上STEM是一种怎样的体验？我们利用韦氏词典和欧路词典创建针对高考读后续写中具体动词的词汇库研究性学习课程，学生通过学习、检索、创建等方式，让英语词汇在脑海生根开花。用心把课上好，用快乐把学生留住，素质拓展是学校在认真研究核心素养培育和综合素质评价的基础上所做的努力和尝试，我们希望尽一切可能找到适合学生们发展的课程。课程结束后，同学们会获得技能认证证书（见图4-3）。

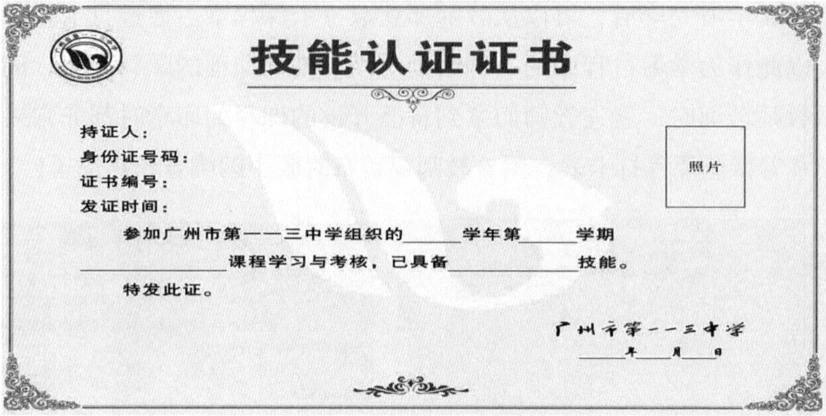

技能认证证书

持证人：

身份证号码：

证书编号：

发证时间：

照片

参加广州市第一一三中学组织的______学年第______学期______课程学习与考核，已具备______技能。

特发此证。

广州市第一一三中学

____年____月____日

图4–3　技能认证证书

我特别喜欢记者抓拍到的我校2020届两个高三学生走出高考考场，脸上洋溢着自信阳光的笑容的照片，这两张照片登上了《羊城晚报》。孩子们灿烂的笑容温暖了一座城。高三学生们经历三年学习和生活的考验，最终勇敢地走向祖国的大江南北去求学深造。期待他们带着母校的精神，成为对社会有积极影响力的人。

创新始于每个人的努力，也需要所有从教者的共同努力。有一句话一直警醒着我：“如果今天我们还像昨天我们被教授的那样去教学的话，那么我们就掠夺了我们儿童的明天。”让我们热情拥抱创新思维模式，为学生创造更好的机会。

第五章

由教学到教研的语境跨越

教学，是教与学的相互制约与相互作用；教研，则是实践与理论的彼此验证和互为支撑。由教学到教研，由微观到宏观，由点到面，这既是一线教师专业成长的必然路径，同样也是对学科课程的认知由感性到理性的渐进过程。角色的变化，决定了分析问题、解决问题的视角、维度、方法等的系列改变，如何深度把握这种改变，并切实以“研”引“教”，是我当下最为关心的课题。

第一节

基于数据实证，构建区域精准教研新机制

一、现实价值与存在问题

（一）现实价值

党的二十大首次将“推进教育数字化”写入报告，明确了数字化在教育未来发展中的行动纲领。《数字中国建设整体布局规划》强调通过数字化手段提升教育管理和决策的效率，促进教育治理创新，形成以数据支撑决策、赋能教育治理创新的新局面。《教育部关于加强和改进新时代基础教育教研工作的意见》提出，教研工作是保障基础教育质量的重要支撑，在推进课程改革、指导教学实践、促进教师发展、服务教育决策等方面发挥了十分重要的作用。将教研活动与数字技术融合发展，配以科学合理的运行机制成为天河区进一步推动教育改革发展的重要动力。在“推进教育数字化”的时代背景下，天河区如何从以数据提供教研证据的角度，积极探索智能技术与教研融合，提高教研工作的质量与效率，成了值得探究的问题。

（二）存在问题

天河区教研模式更多呈现出碎片化和点状式形态，数字化实证水平有待提高，教研系统整体性与研究性欠缺。具体而言存在以下问题：

1. 工作经验色彩浓厚，数字化实证水平相对滞后

缺乏基于数据实证的判断，也缺乏对阳光评价、国测、省测等不同主体数据的深度挖掘与应用。对教育数字化的认知水平相对滞后，教研员在教研过程中对于现有评价数据的应用意识相对匮乏。因此，急需转变学科教研员关于数字教育的理念和意识，提升数字素养。

2. 偏重于学科教学，教研系统研究性体现不强

教研员更多聚焦于研究课堂实践问题，而缺乏包括课程研究、教学质量监测分析等方面的研究，对引领和推进教学改革、教学诊断与改进的实践研究相对匮乏。

基于以上问题，天河区教师发展中心构建了教学质量监测平台，并依托平台探究“教学质量监测—结果诊断与评估—教学研究”三大模块，形成可持续发展的区域精准教研运行新模式，为促进区域教研质量提升提供了有力支持。

二、教学质量监测平台建构

针对现实需求的教研活动才是扎根中国大地办教育。天河区教师发展中心秉持“教研的问题取之于学生，教研的成果用之于学生”的理念[①]，通过搭建教学质量监测平台，打通监测工具研发、监测组织结构建设及运行、监测结果应用、监测技术保障等环节，平台采用NewSQL、AI图像识别技术、手写识别技术等前沿技术，在综合支撑阅卷采集数据的基础上，通过对教学数据的多维度分析，对学校教学质量、教师的教学以及学生的学习进行动态监测评估分析（见图5-1）。

---

① 徐淀芳. 探索基于证据和合作共同体的教研机制［J］. 人民教育，2016（8）：48-51.

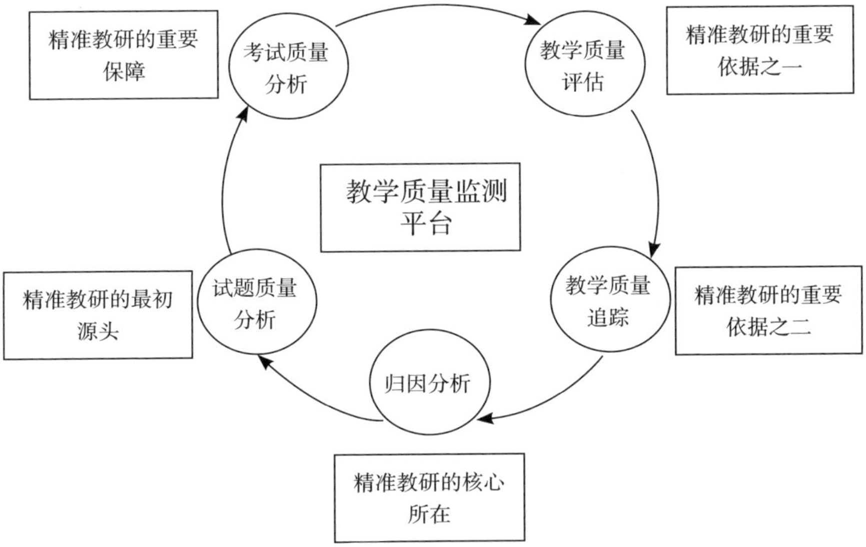

图5-1　教学质量监测平台

其中，试题质量分析通过对试题的难度、区分度等多维度进行统计分析，帮助教研员及一线教师评估考试评价的可靠性和结果的有效性；考试质量分析通过对学业水平监测的数据分析，针对考试试题的专业性与科学性指标（信度、效度等）及学生作答反应（作答选项分布、得分率等）智能生成质量分析报告，从而帮助教研员及一线教师宏观把握测试整体情况；教学质量评估通过对各单位范围的单次考试的总体情况和各学科情况进行数据分析，对比分析班级、学生、教师等群体的考试详细情况；教学质量追踪通过跨年数据库之间的分析对比，评估学生群体的进退步情况、教师的教学质量变化情况，实现对教学效果的动态评估和追踪；归因分析可以精准定位区域问题，寻找潜在教育问题的缘由与解决方式，探索关键学业影响因素并进一步加以改进，从而构建“学科专家—学科教研员—任课老师”的协同联动调研模式[①]。

整体的教研机制从在学生学业质量监测中发现问题开始，到以联动教研机制分析问题、解决问题结束，依托教学质量监测平台，实现试题质量

① 叶宝华. 有效教研机制与农村教师专业化成长［J］. 教育发展研究，2008（22）：110-114.

分析、考试质量分析、教学质量评估、教学质量追踪与归因分析五个重要功能。

三、区域精准教研模式与实践路径

（一）区域精准教研的模式

为解决我区教研仍需提升的问题，天河区教师发展中心以“监测数据”为起点，打通教学质量监测平台五大功能，围绕“教学质量监测—结果诊断与评估—教学研究”三大模块，形成可持续发展的闭环工作路径，构建天河区精准教研模式（见图5-2）。精准教研模式起始于常态化教学质量监测的海量数据，着眼于在AI分析支持下教研人员对监测数据的解读，落脚于数据赋能日常教研、教学活动。该模式在实施过程中，不断进行自我迭代和自我完善。

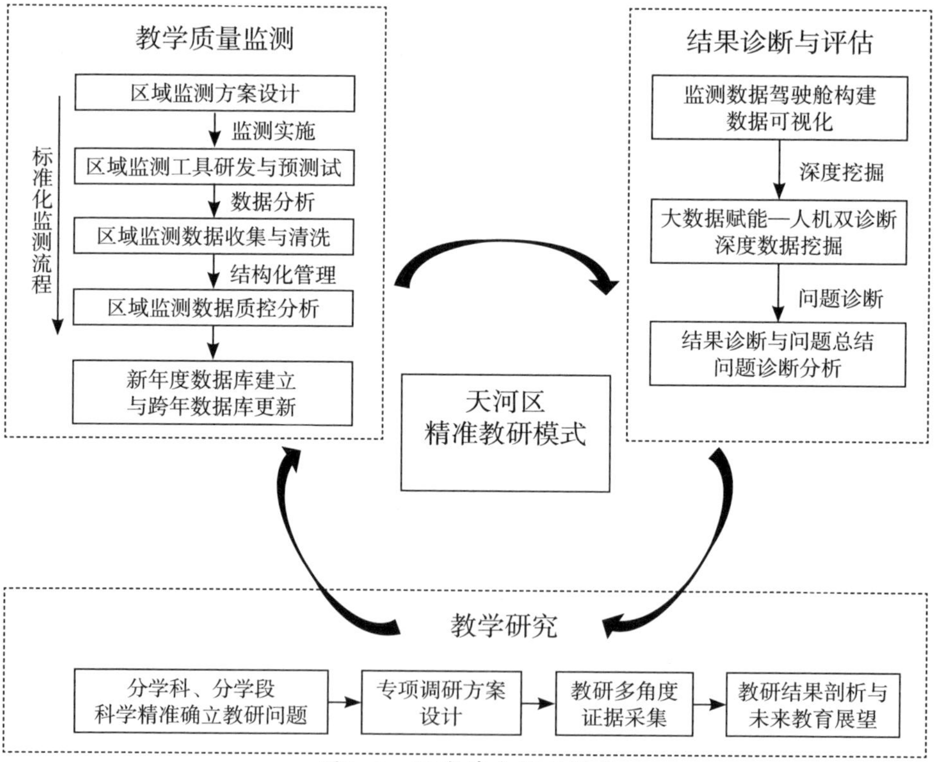

图5-2　区域精准教研模式

（二）区域精准教研的实践路径

1.“教学质量监测”——标准化监测流程

依托教学质量监测平台，天河区教师发展中心打通监测工具研发、监测组织结构建设及运行、监测结果应用、信息技术对监测保障等环节①，形成覆盖本区的监测平台及标准化监测流程，评估学生的学业水平并提供相关数据分析，为精准定位教研问题提供保障。

区域精准教研模式下的监测数据板块工作如图5-3所示。

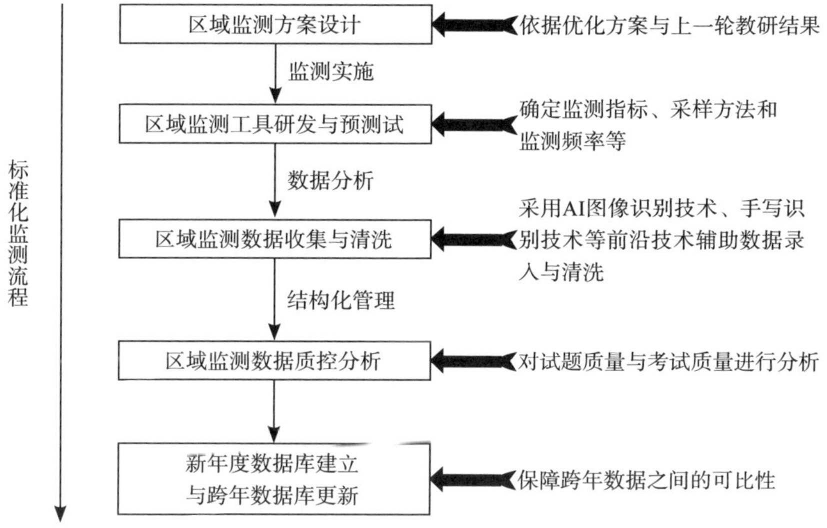

图5-3　区域精准教研模式下的监测数据板块工作

教学质量监测从区域监测方案设计出发，开展区域监测工具研发与预测试，确定监测指标、采样方法和监测频率等，以确保监测过程具有发展性和科学性。随后，进入监测实施阶段。在各所学校或区域内进行监测活动，例如学业考试或学业评估，在监测实施后，进行区域监测数据的收集与清洗。对从各所学校或区域收集到的学业数据进行整理和清洗，以确保数据的准确

① 沈健，罗强．数据治理下的区域教育质量监测数据分析系统探究［J］．中国教育信息化，2023，29（4）：77-85.

性和完整性。采用AI图像识别技术、手写识别技术等前沿技术辅助数据录入与清洗。在数据分析阶段，通过合适的统计手段，对试题质量与考试质量进行分析，形成质量控制报告，检查评估监测过程中的数据质量，检查数据采集和处理过程中是否存在问题，确保监测数据的可靠性和可信度。最后，进行新年度数据库的建立并对跨年数据库进行更新，以保持跨年数据之间的可比性。

通过以上流程，区域教学质量监测平台可提供全面的学业质量评估，为各学段教研员提供科学、可靠的学业数据和分析结果，推动教研质量的提升和优化。

2. “结果诊断与评估”——大数据教研诊断评估

精准定位教研问题依托一套科学的监测结果诊断流程，包括数据可视化、深度数据挖掘以及问题诊断分析三大部分。由天河区教师发展中心教育评价部牵头，提供大数据与AI技术支持的教学情况分析与潜在教学问题初判，为本单位各学段部门深度挖掘学业质量结果与解读提供帮助，最后由教研员对现有问题进行剖析总结。

区域精准教研模式下的结果诊断板块工作如图5-4所示。

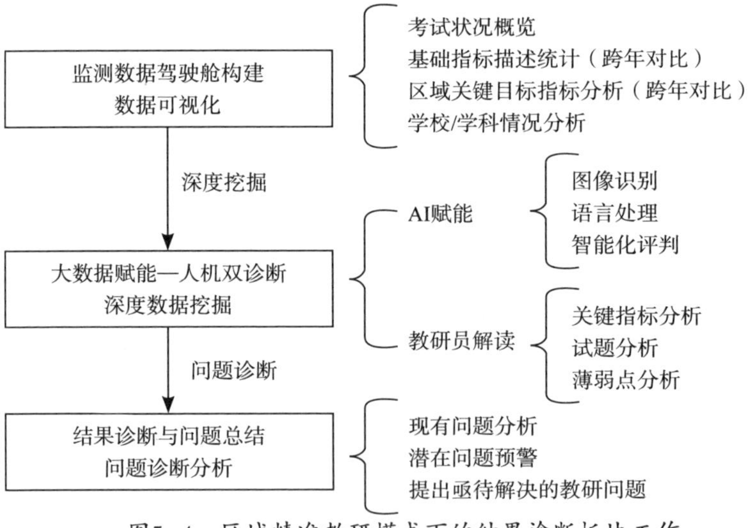

图5-4　区域精准教研模式下的结果诊断板块工作

构建数据驾驶舱实现数据可视化，提供直观的可视化图表和报表推动教研员对数据开展诊断评估，进一步通过运用统计方法和数据挖掘技术，对学生的学业数据进行深入分析，揭示学生的学业水平、学科优势和劣势等方面的情况，实现对学校的教学质量、教师的教学以及学生的学习进行动态监测评估分析。

基于数据基础分析结果，开展人机双诊断，进行AI评判技术与人类教研员双重解读，形成AI赋能教研员进行结果解读的新动力。结合图像识别、语言处理等技术对监测结果进行智能化评判，设定关键指标的阈值，提供针对性反馈和预警信息。然后，将AI的评判结果与预警信息提供给各教研员进行深度挖掘，将大数据的力量与教研员的教育智慧相结合，对关键指标、试题作答情况、薄弱点等进行深度解读。

通过数据可视化与人机双诊断后，需要对现有存在的问题、潜在可能爆发的问题进行总结归纳，列出问题清单。最后基于问题清单，凭借教育理论、教育经验与教学研讨确立未来本区需关注的教研问题。

3.“教学研究”——大数据支持下的教研联动机制

在精准定位教研问题后，针对该问题科学开展教研活动是区域精准教研的关键一步。天河区在多年摸索与专项调研优化后，形成了大数据支持下的教研联动机制。该部分工作主要由各学段教研部门牵头，考试评价部配合，统筹高校专家、学校教师共同完成，形成教研员统筹、专家引领、任课教师助力的“三位一体”教研联动力量。

区域精准教研模式下的教学研究板块工作图如图5-5所示。

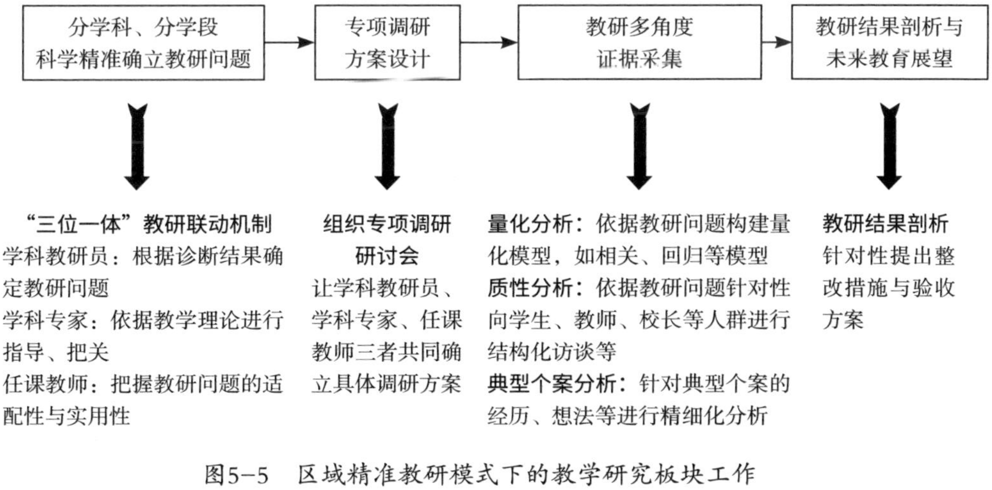

图5-5　区域精准教研模式下的教学研究板块工作

整个教研联动机制总共包括四个主要流程。第一，让学科教研员根据前面两项板块工作确认具体教研问题，并让合作高校的学科专家依据教学理论进行指导、把关，让一线任课教师把握教研问题的适配性与实用性，三者共同确认现阶段本区教研问题。第二，由教育评价部组织专项调研研讨会，让学科教研员、学科专家、任课教师三者反复磨合讨论、共同确立具体调研方案。第三，进行具体教研方案的实施，截至目前所使用过的研究方法包括但不限于：①量化分析——依据教研问题构建量化模型，如相关、回归等模型；②质性分析——依据教研问题针对性向学生、教师、校长等人群进行结构化访谈等；③典型个案分析——针对典型个案的经历、想法等进行精细化分析。第四，组织教研结果研讨会，让学科教研员、学科专家、学校领导、任课教师，多主体、多角度共同解读教研结果，并针对性提出整改措施与验收方案，为下一轮教学质量监测的优化提出指导性意见。

四、区域精准教研模式的工作保障

（一）数据流支持下的部门协同保障机制

区域精准教研模式的工作板块，从监测数据出发，涉及教育行政部门、发展中心各学段教研部门、合作高校及区域学校多个部门单位。多部门间有条不紊的协作离不开大数据平台支持下教育数据流的传递，其传递路径构成协同保障机制如图5-6所示。

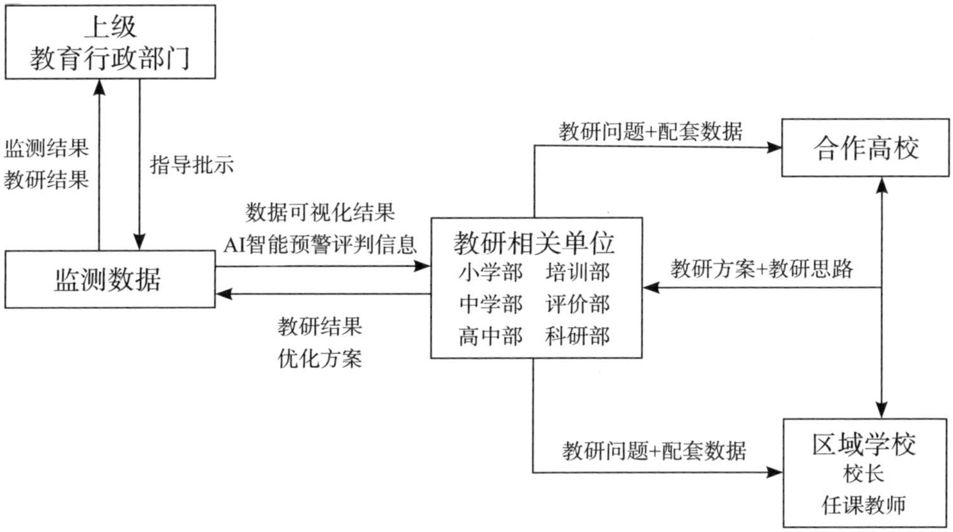

图5-6　数据流支持下的部门协同保障机制

（二）平台整体运维、网络与信息安全保障体系

天河区教师发展中心特设专业、富有经验的工作团队，负责对区域内教育平台的日常运营管理、数据信息管理及提供技术支持，以确保平台的稳定运行。在他们的工作中，除了定期对平台的软件、硬件和系统进行更新和维护，保证平台运行无误外，还要处理各部门单位在平台上提出的问题和提供的反馈，以及不断对平台进行技术优化和改进。在网络连接方面，平台采用高速且稳定的网络连接，为用户在使用平台时能够快速访问和上传数据提供保障。同时，系统维护人员定期检查并维护网络设备和连接，以确保网络的畅通和稳定性。为了确保信息安全，工作团队采取多重安全措施来保护平台的数据隐私，对单位数据实施严格的权限管理，只有在获得授权后才能访问和操作相关数据，并对数据进行加密存储和传输，以防止数据泄露和篡改。此外，还定期进行安全漏洞扫描和系统审计，以及时发现并修补系统漏洞，提高系统的安全性。

五、区域精准教研模式的实践成效

天河区通过“教育数据流”将“监测数据—结果解读—质量提升”组织起来，实现对科学精准开展天河区教研工作的支撑，有效解决了发展中心教研工作的现存问题。

（一）提升数字化实证水平，促进教研员专业发展

基于数据实证的区域精准教研模式转变了天河区学科教研员关于数字教育的理念和意识，提升了教研员对教育数字化的认知水平，加强了教研员对学业质量数据的深度挖掘与应用能力，促进教研员基于数据实证对学校教育教学开展科学的评价和判断，逐步形成了以学业质量监控系统数据为抓手的教研新格局。通过收集、分析和利用监测数据，天河区教师发展中心教研员带领一线老师深入了解学生的学习情况和教师的教学效果，并针对性地进行教研改进，实现教研员、教师双提升。

（二）强化教研工作整体性，助推教研系统协同发展

依托“教学质量监测—结果诊断与评估—教学研究”的螺旋式上升教研工作路径，天河区教师发展中心以教育评价部教学质量监测数据及教学质量分析数据为引领，协调小学部、初中部及高中部各个学科的教研员，进一步加强教研系统的研究性和整体性依托。在教研新模式下，教研工作从集中听课、说课和评课等偏重于学科教学的教研方式转向基于教学质量监测分析的综合性主题教研方式，引导教研员树立以发展学生核心素养为导向，健全德智体美劳全要素发展的多元化科学教研理念，全方位把握学生学业成长关键特征，把对学生的学业水平评价拓展到归因评价，把握学生学业发展的关键因素与着力点，从而实现天河区教育教学水平的跨越式提升。

（注：广州市天河区教师发展中心朱芷滢、杨磊老师参与本文资料收集和撰写）

第二节

聚焦专业支撑，打造区域教育发展新引擎

天河区是广州市第一经济大区、全国教育改革创新示范区，也是广东省基础教育强区、广州市创建全国“智慧教育示范区”支撑区。天河教研紧密围绕《广州市天河区教育事业发展“十四五”规划》，以“优品教育，成在天河”为目标，聚焦“专业支撑”的教研服务，“提高效能”的教研机制转型，“信息支撑”的教研数字化转型等关键内容，在基础教育高质量发展的舞台上贡献天河力量。

一、指导思想：围绕“四个服务”扎实开展教研工作

天河教研全面贯彻党的教育方针，落实立德树人根本任务，紧紧围绕教研机构“四个服务”主要任务开展系列工作。一是服务学校教育教学。天河教研在华东师范大学课程与教育研究所专家团队的指导下，用专业支架指导学校探索新时代国家课程校本化路径。项目得到了广东省教研院的大力支持，天河区成功申报了省级校本教研基地、省级教研基地，探索教研新模式，推广课改经验。2023年12月底，“2023年广东省义务教育新课程改革成果推广暨广州市天河区课程教学改革深化行动项目成果全国展示活动”在天河区举行。二是服务教师专业成长。每学科每学年组织全区教研活动超过8场次，开展区级培训选修课程120多门，教师专业成长迅速，在2023年广州市第三届中小学青年教师教学能力大赛中，58人获一等奖，居全市前列。教师案例获全国中小学美育改革创新优秀案例一等奖，教师成果获国家级

教学成果奖二等奖。三是服务学生全面发展。天河区科技教育品牌凸显，开展“天河小院士”评选、“天英汇”展示活动。2022年13名学生入选广东省英才计划，占全省的14.4%，居全省前列。四是服务教育管理决策。协助天河区教育行政部门制定大量文件、意见和实施方案。《广州市天河区高质量推动基础教育教学改革的实践创新报告》入选《广州教育发展报告（2022～2023）》，成为政府教育决策的重要参考。

二、整体转型：支撑区域课改不断推进

（一）从教研到研训，实现区域教研机制转型

随着基础教育课程改革不断深化，教研转型成为必然。我们一直在思考区域教研的整体职能、核心任务、提高效能等一系列问题，从教师视角分析教研工作实效。我们发现，教学即教研，问题即研究，只有转变工作机制，走研训一体的路线，才能把教研的重点与课程、教学、评价、资源供给、队伍建设一体化贯通，以研究推动解决育人难题。天河教研分别围绕研训标准、研训模式、研训策略开展深度转型。

坚持“一核三化”的研训标准。以“课堂教学提质增效”为核心，通过课堂教学教研化、教研活动课程化、课程实施培训化，引导区域研训有效推进。通过“名师引领、骨干带动、全员提升”，夯实人才队伍建设根基。

构建“三位一体”的研训模式。通过数据驱动、问题导向、主题引领，构建诊断问需式、主题推进式、实践研修式研训模式，以数据驱动问题发现，以问题形成研训主题，以研训难点生成科研项目，以科研成果优化评价工具，形成教研培“三位一体”的研训实践体系。

实行“分层分类”的研训策略。秉承“面向全区、突出骨干、关注民办、扶持青年教师”的研训策略，不断完善分层分类的教师精准研训体系，构筑进阶式专业化人才梯队。尤其在新教师培养上初步形成了精准化课程供给、个性化研修学习、实践化跟岗锤炼、创新化策略实施的研训路径。

通过教研机制转型提升教研服务质量，促进教师专业成长，提升基础教育整体水平，初步形成了“备、教、学、评、培”一体化的教研新格局。区域高中教学出口质量领跑全市各区。

（二）人工智能赋能教研，推进教育数字化转型

作为广州市的新中心城区和教育信息化先行区，天河教研从教育大数据出发，深入探索现代信息技术与教育教学融合发展的新路径，充分挖掘数字价值，积极推动教研发展。

构建数字化教研支撑体系。充分利用自建平台、引入第三方平台，形成数字化支撑体系。天河区搭建了四大平台：天河部落、天云课堂、精准教学和质量监控平台。天河部落旨在培养教师的信息素养，实现资源的共生共享。天云课堂探索智慧课堂模式，打造网络化、智能化、泛在化的智慧学习环境。2022学年中央电化教育馆、中国教育科学研究院专门到天河区进行数字化教育的实地调研，并给予好评。

探索数字化教研新模式。天河区以方法重于技术，组织制度创新重于技术创新，联结为先、内容为本、合作为要为理念，开展“人工智能+课程、人工智能+教与学、人工智能+优课解码”的探索。以数字化赋能教学全流程、赋能教学新内涵，一是注重校本教研对象，二是注重关键环节课程研究，三是注重工作方式对象，构建教学新样态。天河区开展“基于大概念+生成式人工智能教学微创新”工作坊活动，来自天河区、白云区和帮扶地区共49所学校的21名校长、188名教师组成29个教学实践共同体参与。天河经验“优课解码——人工智能+教师能力发展新范式”获2023年度教育部智慧教育优秀案例。

重构教师专业化发展模式。教师是课堂转型的核心要素。天河区采用课堂教学智慧评价系统（CSMS）和学习发生知行理论，推动课堂转型，按照“测评、研讨、再测评、再研讨、进一步测评、总结”的流程，对不同发展阶段的教师进行跟踪。教研聚焦教师教学思维过程、交流互动过程、知识点关联、其他支撑细项等方面进行大数据分析，让教师了解自身在课堂中师生

深层互动及思维生成情况，助力教师自我监控、自我反思、自我改进，从而使教师优化教学，推动学生合作与交流能力、批判性思维与创新思维的养成。广州中学“一个新手高中数学教师的进步轨迹”实验数据显示，CSMS课堂大数据报告在帮助青年教师快速了解课堂教学优缺点、明晰优化方向、洞察课堂教学规律方面有巨大价值。

三、内涵发展：打造区域教研天河范式

（一）依托实证数据，开展基于数字循证的精准教研

在“教育数字化”背景下，天河教研以持续深化应用教学质量监测大数据平台为基础，积极探索大数据与教研融合、智能技术与教研融合，创新教研机制，以数据提供教研证据，提高教研工作的质量与效率。

构建区域精准教研模型。天河教研整合国测、省测、市阳光评价、区测等各类数据，以“监测数据”为起点，围绕“教学质量监测—结果诊断与评估—教学研究”三大模块，形成可持续发展的闭环工作机制，构建天河区精准教研模式，让数据赋能教学教研活动，并在实施过程中不断迭代升级、日臻完善，致力于一份监测，实现一次预警，推动全面应用、全程改进，激发教研的内驱力。

探索区域精准教研路径。依托教学质量监测大数据平台，天河教研打通监测工具研发、监测组织结构建设及运行、监测结果应用、信息技术对监测保障等环节，建立“教学质量监测”的标准化监测流程，形成覆盖本区的标准化监测平台，以评估学生的学业水平并提供相关数据分析，为精准定位教研问题提供保障。

教研从区域监测方案设计出发，以课标和素养为依据，开展区域监测工具研发和预测试，确定监测指标。采用AI图像识别技术、手写识别技术等对收集到的数据进行整理、录入。运用科学统计手段，对试题质量与考试质量进行分析、评估，形成增值评价监测报告。各学段教研员基于学业数据和分

析结果，组织各学科教师研读监测报告，针对监测数据开展自主诊断、问题归因和靶向改进，推进教学评一体化改革。接下来天河区将在学生学习情况全过程纵向评价和德智体美劳全要素横向评价上加强研究，构建以学生学业发展为核心的具有结构意义的学业生态健康指标体系。

（二）依托项目载体，推进国家课程校本化的深度实践

在“双减”和“双新”背景下，课程教学改革如何落实立德树人根本任务、培养学生核心素养，课堂教学如何从教为中心转向学为中心，是区域落实国家课程校本化，实现减负、增效、提质所面临的重大难题。

那么，新课程理想的育人蓝图如何在学校落地？学校高质量实施新课程需要哪些专业支架？ 区域如何为学校推进新课程提供支持和保障？ 这些问题长期以来是课程改革的“瓶颈”。《义务教育课程方案（2022年版）》在“强化专业支持”部分强调“帮助教师准确把握课程改革方向，钻研课程标准、教材，改进教学”，在“健全实施机制”中又指出“地市、县级教育行政部门负责课程实施过程的检查指导，提供课程实施必要保障条件”。为此，天河教研开展了一系列行动，取得了阶段性成果，现与大家分享，以期抛砖引玉。

新课程的落地怎么实现的？天河教研在专家的指导下提供了三个方面的专业支架。

一是指导学校一级制定“学校课程实施方案”。学校课程实施方案是学校课程的顶层设计。国家课程方案明确要求，学校要依据国家及省级课程方案整体规划学校课程，作为学校育人的蓝图、课程总纲，整体描绘出学校落实立德树人根本任务的课程图谱。学校课程实施方案主要回答以下几个问题：学校课程规划的依据是什么？学校如何落实国家或省级课程方案中的课程计划？课程实施的关键策略有哪些以及有哪些主要的保障措施？学校从SWOT分析出发，以学生和家长课程需求为导向，明晰学校愿景、学校使命和毕业生形象，科学规划学校课程设置、课程实施，开发校本课程，完善课程评价体系。

二是指导教研组一级编制“学期课程纲要”。如果说学校课程实施方案是一所学校的设计图纸的话，那学期课程纲要就是一幢楼中一层楼的设计方案。一门学科必须要在研读课程标准、教材，研判学情的基础上，以学期为单位，把以前的教学进度表升级为学期课程纲要，这是学科落实新课程的第一步，是学科回答如何落实课程标准的依据，也是学校层面编制学科规划的表现。学期课程纲要是一个学期的课程说明书，让学生明确这个学期的课程目标、课程内容、课程实施与课程评价。

三是指导备课组或教师编写“单元教学方案”。如果说学期课程纲要是一幢楼中一层楼的设计方案，那么单元教学方案就是一层楼中单元或房间的设计图纸。为落实学为中心的理念，单元设计把原来的课时教案升级为单元教案，不再回答教师要做什么，而是回答学生如何才能更好地学会，给学生设计助学支架或认知地图。大单元学历案体现五个自成一体的课程要素，即需求（为什么学）、目标（期望学会什么）、内容（学什么）、实施（怎么学）、评价（学会了没有）。围绕某一具体学习单位，从希望学生学会什么出发，设计并展示学生可以学会的过程，让学生自主构建经验和知识。区域和学校教师在课堂教学中突出由“教”向“学”的转变，让课堂发生质的变化。

（三）依托两大工程，推进好教师和好校长培养

两大培训工程分别是天河区中小学“好教师”之“育穗”培养工程和“好校长”之“天航”培养工程。

“育穗”培养工程。立足“四有”好教师培养，以提升教师育人能力为目标，为实现天河教育“六优”行动提供师资保障。按照教师专业发展规律，对不同阶段的教师根据年龄、专业素养、动机需求等进行科学划分，建立梯队式培养计划，实施教师进阶式培养，分别是“青穗”阶段——新手教师培养、“秀穗”阶段——骨干教师培养、“嘉穗”阶段——名教师培养、“金穗”阶段——专家教师培养。每个阶段以三年为一周期。对新入职教师实施全覆盖培养，以聘任学校岗位、参与区域名教师工作室等浸润式实践跟

岗培训为主；对骨干教师明确个人职业发展方向，形成个人教学特色，以校本主题研修、区域集中研修、论坛讲坛提升等为主；对名教师提高研究能力，提升理论素养，以专项课题研究、论文撰写等研修活动为主；对专家教师以工作室建设、辐射引领、区域帮扶为突破口，总结凝练教学成果，集结发表学术论文等，在更广泛的范围内进行示范引领。

“天航”培养工程。实施“四阶四维”立体培训模式，培养高素质、专业化、创新型中小学“好校长”。“四阶四维”中“四阶”是指纵向分别开展后备校长、新手校长、骨干校长和卓越校长四个进阶式培养项目，分别是“助航”阶段——后备校长培养、“启航”阶段——新手校长培养、“远航”阶段——骨干校长培养、“领航”阶段——卓越校长培养。“四维”是指在各培养项目中横向开展集中理论学习、实证学习、岗位实践及总结交流四种培训方式，形成多维立体的新型培训模式。通过增强培训广度与深度，推动校长队伍整体素质大幅提升，促进中小学校长梯队式发展，打造一支适应和引领天河基础教育发展的好校长队伍。

第三节

着眼评价改革，确立区域教育改革新向度

《深化新时代教育评价改革总体方案》提出创新德智体美劳过程性评价办法，完善综合素质评价体系。天河区聚焦学生核心素养提升，充分发挥教育评价指挥棒作用，坚持以教育评价“三驾马车”——全方位、项目式、数字化拉动新时代区域教育教学改革，构建区域教育评价体系建设的“天河模式”。

一、全方位推进教育评价体系建设

天河区全方位推进教育评价体系建设，从区域、学校、学生三个层面统筹推进全学段全学科教育评价改革（见图5-7）。在区域层面整体规划，成立教育评价部，组建区域评价中心组，基于广州市阳光评价数据结果构建全方位育人质量监控体系，开展基于数据的各类专项调查，推动区域学生评价、教师评价与学校评价。完善区校互动支持体系，加强监测数据结果应用，每年开展10场教学研讨活动，积极培养区域教育评价的领航者和中坚力量。

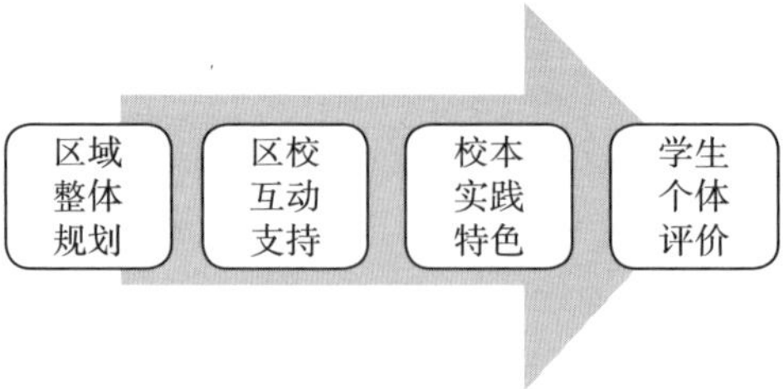

图5-7　天河区教育评价体系示意图

各中小学积极探索具有校本特色的学生综合评价体系，如龙洞小学秉持

“让孩子成长点滴可见”的理念，构建了包含三维度九指标十八要素的“日新评价”体系；广州中学创新德育评价机制，构建以“寻梦—追梦—圆梦”三大模块为主体的“追梦行动”；华阳小学积极探索生本课堂教学评价标准；广州市第八十九中学探索“双减”优课标准开展教学评价改革。学生层面，学生个体发展轨迹得到完整记录和全面评价。天河区建构的监控体系可以全方位把握学生教育成长关键特征，健全德智体美劳全要素的综合评价。学生评价从单一的学科学业评价走向基于学生全面发展的综合评价，“自评+互评+师评+家长评”的多元化评价方式更加科学地促进学生成长。区内学校还为学生提供了个性化发展记录手册，如广州中学的“追梦足迹”手册，引导学生在重要节点做好记录反思，绘制“我的成长轨迹”。在多层次的基础上，天河区还在全学段、全学科方面下足功夫。天河区贯通小学、初中、高中三个学段，同步推进教育评价改革工作。在传统的语、数、英等文化课学业评价之外，完善德育评价、强化体育评价、改进美育评价、加强劳动教育评价。

二、项目式推进教育评价体系建设

教育评价改革离不开课程建设与课堂教学。天河区项目式推进教育评价体系建设，将“以课程建设为抓手的区域教学评一体化改革”项目作为重要抓手，积极开展教学评一体化改革，以培养学生核心素养为目标，推动学校课程建设和课堂育人品质提质增效。在华东师范大学崔允漷教授团队的学术指导下，天河区推进新课标落地，助力课程建设紧跟国家方向。在课前，指导学校进行课程纲要设计，帮助学校将国家课程校本化；在课中，推行基于学历案的教学理念，提高课堂教学评一致性；在课后，优化作业设计，以学生的全面自由健康发展为根本目的，设计贴近实际、层次丰富的作业形式，培育学生的知识迁移和综合运用能力。教学评一体化课程实施示意如图5-8所示。

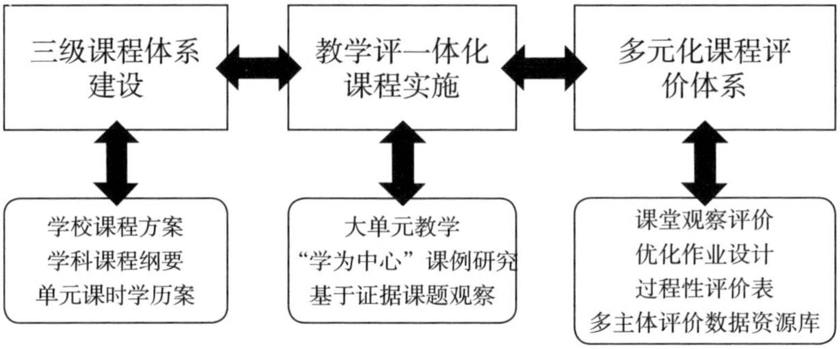

图5-8　教学评一体化课程实施示意

教学评一体化改革把课程建设和课堂教学落实到学生的全面发展，引导教师树立基于核心素养的科学教育发展观，助推学校课程教材改革和教师教学方式变革，实现教育减负增效。在这一过程中，天河区始终立足天河特色，不断推动教育教学高质量发展，取得了一系列成绩。天河区率先实现示范性高中全覆盖，入选广州市普通高中"双新"实施首批市级示范区，还先后被评为广东省教育强区、广东省推进教育现代化先进区。

三、数字化推进教育评价体系建设

"工欲善其事，必先利其器"，评价工具也需要与时俱进才能提升工作效率。《深化新时代教育评价改革总体方案》明确要求："创新评价工具，利用人工智能、大数据等现代信息技术，探索开展学生各年级学习情况全过程纵向评价、德智体美劳全要素横向评价。"天河区围绕立德树人根本任务，深度应用国测、省测和智慧阳光评价数据，强化数字化融合创新，积极探索信息技术背景下的教研模式改革。利用广东省教育研究院研发的课堂教学智慧评价系统（CSMS），收集课堂中师生行为数据，通过对数据编码整合和综合分析，形成包含教师教学行为特征与教学质量的"数字画像"，构建基于大数据的精准教研新模式。课堂教学智慧评价系统技术实现框架如图5-9所示。

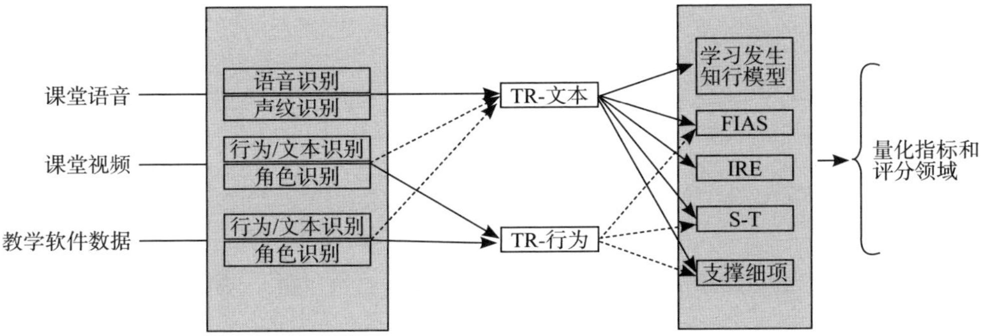

图5-9　课堂教学智慧评价系统技术实现框架

2022年3月，天河区还与华东师范大学课程与教学研究所国际课堂分析实验室合作，进行了一次别开生面的评价改革展示，通过人工智能对广州市长兴中学语文课“孙权劝学”进行了数据分析。不少学校还针对学生个性化精准评价展开了有益探索，积极推动现代教育测评技术与信息技术进行深度整合，在评价方式上尝试运用信息化手段辅助学生评价。广州中学为每个学生制定《学生学期质量报告》，报告包含学生学科成绩、雷达分析图、学科学习具体建议。学校借助智慧校园建设契机，不断实现学生成长档案电子化，通过大数据自动化处理、智能化分析、多元化展示等手段，为精准化个性化的教育评价提供了技术支撑。

天河区积极开展教育评价改革，坚持“五育并举”，回归人本立场。注重平衡学生学业评价和学生综合素质评价，强调对学校和学生的过程性评价和发展性评价，注重结果评价与增值评价相结合。将学生的改变和进步作为评价的核心，努力构建相对完善的综合素质导向的教育评价体系，助力天河教育高质量发展，办好人民满意的教育。

（注：广州市天河区教师发展中心朱芷滢、杨磊老师参与本文资料收集和撰写）

第四节

专注系统推进，建设区域教育“幸福”新标杆

2020年8月，广州市天河区召开全区教育大会，正式印发《天河区基础教育“幼有善育、学有优教”幸福标杆行动计划（2020—2022年）》（简称《计划》）。《计划》明确提出要提升教育育人品质，推进教学改革，提高课堂教学效率，培养学生能力，形成课程目标引领下的备、教、学、评一体化教学格局。实现该计划的关键是在转变教育理念的前提下寻找科学的形式载体，从而以小支点撬动教育教学深层次改革。放眼全国，经过慎重研究，天河区决定与教育部人文社会科学重点研究基地华东师范大学课程与教学研究所开展合作，以学历案为支点撬动区域教学改革。2021年3月，天河区正式启动基础教育课程与教学质量提升项目。天河区基础教育教学改革围绕新课程、新教学、新评价，以学校一级的课程实施方案、学科教研组一级的学期课程纲要、年级备课组一级的单元学历案作为推进课程改革的实践载体，开展有组织的校本教研，深化国家课程改革，推动区域教育高质量发展。

一、相关背景

（一）政策背景

《中国教育现代化2035》明确指出，坚持改革创新是推进教育现代化的基本原则，鼓励“在国家教育现代化总体规划框架下，推动各地从实际出发，制定本地区教育现代化规划，充分体现地方特色，合理确定目标任务，形

成一地一案、分区推进教育现代化的生动局面”。党的二十大明确要求，“深化教育领域综合改革，加强教材建设和管理，完善学校管理和教育评价体系，健全学校家庭社会育人机制”，充分发挥教育的基础性、战略性支撑作用。

《中共中央 国务院关于深化教育教学改革全面提高义务教育质量的意见》强调，“严格按照国家课程方案和课程标准实施教学，确保学生达到国家规定学业质量标准”“强化课堂主阵地作用，切实提高课堂教学质量”，同时号召“全党全社会都要关心支持深化教育教学改革、全面提高义务教育质量工作”。随后出台的《深化新时代教育评价改革总体方案》和《义务教育质量评价指南》等文件则从评价的角度为区域教育教学改革指明了方向，基于评价改革的立德树人课程改革方向更加清晰。2021年7月，中共中央办公厅、国务院办公厅印发《关于进一步减轻义务教育阶段学生作业负担和校外培训负担的意见》。该意见要求，“大力提升教育教学质量，确保学生在校内学足学好”“教育部门要指导学校健全教学管理规程，优化教学方式，强化教学管理，提升学生在校学习效率”。这一系列教育政策指明，以往的教育教学模式已经难以完全适应教育高质量发展目标，亟待通过教育教学改革建立更为高效的教学模式。

（二）区域背景

根据《广州市天河区教育事业发展“十四五”规划》（简称《规划》），天河区秉承“优品教育，成在天河”教育理念，积极创建“粤港澳大湾区教育改革与发展示范区”，力争在2025年实现全区各级各类教育更加公平更高质量的目标。教育高水平定位需要更高质量更加均衡的教育，然而天河区却长期存在区域教育不均衡的问题。《规划》指出，天河区“东部和北部学区教育振兴迫在眉睫”“义务教育优质学校和薄弱学校之间，新建名校和原有学校之间，公办学校和民办学校之间，民办学校内部资源配置等也存在较大差异”。历年来的“国测”数据、智慧阳光评价数据也证明了这一点。除了区域教育不均衡问题之外，天河基础教育还存在三个较为明显的问题。

1. 教师教学观念相对陈旧

调研发现，“学为中心”的教育理念在天河区尚未全面落地。大部分教师习惯从“教”的角度去设计和实施课程，而不是从学生“学”的角度去设计和组织教学活动。部分教师的课堂教学仍坚持“知识本位”，轻视学生的核心素养和能力培养。在教学内容的选择和组织方面，教师主要根据教材的内容设计教学活动，较少围绕核心素养精选学习内容、整体设计教学单元、规划单元育人蓝图。在教学方法的运用方面，教师多采用讲授法，较少组织学生进行探究和交流等活动，没有充分发挥学生的主体性。课堂上学生缺少充足的时间和机会完成学习任务，课堂学习效果无法及时呈现。

2. 学校课程实施不够系统

从学校层面看，课程体系缺乏长远性和系统性。学校缺乏对课程的整体规划，各类课程之间缺乏呼应关照。校本课程的开设缺乏规范性，课程目标、课程内容、课程评价等诸多要素不规范，影响了应有的效果。由于学校没有统一的课程实施规划，所以课程实施基本依靠学科教师的教学行为，而教师的教学行为又缺乏规范和引导，从而导致课程实施效果参差不齐。

3. 教学评价体系有待完善

调研发现，天河区的教学评价体系还有较大的改善空间。一是从评价主体来说，教师掌握着评价主导权，学生评价主体地位缺失。同时，家长、社会也未参与评价，难以实现“家校社”协同育人。二是从评价方式及内容来说，区内大部分学校仍以考试、测验为主要评价方式，考查内容偏重于学生对知识和技能的掌握情况，尚未构建起以综合素养为导向的多元评价体系。三是从评价功能与目的来说，学校重视期末对学生的学习效果进行总结性评价，轻视过程性评价的作用，没有及时根据学生学习过程中的动态发展情况去调整改进教学。这也导致了评价的功能异位，学生评价在某种程度上成了给学生进行“分层”“贴标签”的手段。

二、主要举措与成效

基于上述背景，天河区秉承“优质均衡发展”理念，主动变革教育教学模式。2021年3月，天河区正式启动基础教育课程与教学质量提升项目，在区域行政管理、区域教学管理、学校实践探索三个层面对症下药，因需施策。项目为期3年，在项目实施过程中，天河区紧紧以学历案为支点推动教学改革的“大文章”。

（一）区域行政管理：全区凝力，以行政力量推动教学改革

1. 明确目标方向，挂图作战推动整体方案落地

天河区制定《天河区基础教育课程与教学质量提升项目工作方案》。天河区教育局成立专项领导小组，由区教育局局长任组长，在天河区教师发展中心设立项目办公室。方案设立具体的工作目标：借助全国一流专家团队的指导，发挥区域研训机构的重要引领作用，种子学校和骨干教师先行，科学规划、深入研究、带动示范、整体推进，力求依托该项目助推天河区基础教育课程建设和课堂教学的有效实施，成就一批教师、打造一批名校，提升我区教师教学、学生学习、学校管理质量，总体推动基础教育优质均衡发展。

2. 优选项目种子学校，小步快走推进先行试点策略

在前期广泛动员、学校自愿报名的基础上，天河区教育局遴选出17所学校作为项目种子学校（见表5-1）。这17所学校包含优质学校、中等水平学校、薄弱学校，涵盖天河教育五大片区，覆盖小学12所、初中3所、完全中学2所。华东师范大学委派18位专家，组建3个大组入驻天河指导种子学校。各大组由1位专家领衔指导，下设3个小组各对接2~3所学校进行指导。项目指导方式灵活多样，如讲座培训、实地指导、修改作品等。按照项目方案，专家团队平均每年到天河实地指导两次以上。

表5-1 17所项目种子学校基本情况

序号	学校名称	学段
1	广州市天河外国语学校	完全中学
2	广州市第八十九中学	完全中学
3	广州市长兴中学	初级中学
4	广州市天河区汇景实验学校	九年一贯制学校
5	广州市天河区明珠中英文学校	九年一贯制学校
6	广州市天河区华阳小学	小学
7	广州市天河区天府路小学	小学
8	广州市天河区体育东路小学	小学
9	广州市天河第一小学	小学
10	广州市天河区五山小学	小学
11	广州市天河区先烈东小学	小学
12	广州市天河区体育西路小学	小学
13	广州市天河区长湴小学	小学
14	广州市天河区龙洞小学	小学
15	广州市天河区侨乐小学	小学
16	广州市天河区前进小学	小学
17	广州市天河区岑村小学	小学

3.实施三段路径，由点及面打造区域教育品牌

项目分种子学校试点、全区普及、全区达标三个阶段进行。项目推广主要从三个方面发力：一是每所种子学校对接2～3所项目推广学校，充分发挥校际联动教研作用；二是种子学校通过线上线下相结合的方式，面向全区开放校本研修活动；三是区教师发展中心通过进校调研和教研活动向全区推广项目。截至2023年3月，累计开展区级线上线下各类研讨活动30余场，校级研讨活动50余场，17所项目种子学校的课程实施方案已经经过20多轮修订。课程纲要和单元学历案则朝着本土化、校本化的方向发展，力争成为系列精品。项目工作流程如图5-10所示。

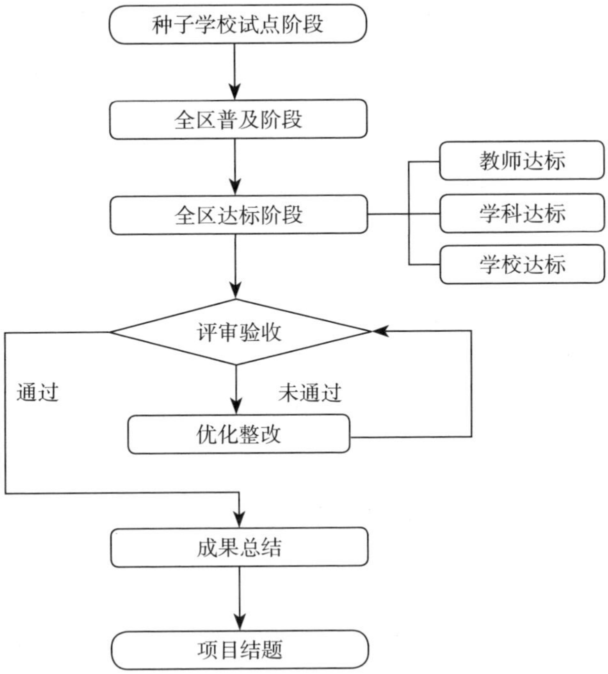

图5-10　项目工作流程

（二）区域教学管理：培教研赛，以理念更新推进教学改革

1. 聚焦主题培训，精心组织教师培训

天河区将项目实施与教师培训高度融合，以三年为周期系统设计教师培训方案，通过教师培训促进理念落地。从培训层次设计看，每年培训有不同主题。在三年周期中，学历案的设计和实施贯穿始终，但每年的侧重点不同：第一年侧重编制学校课程实施方案；第二年侧重编制学期课程纲要；第三年侧重通过校本教研推动课程实施方案、学期课程纲要和单元学历案落地。从培训导向看，培训非常注重实操性和实效性。从培训对象安排看，首先是对学校管理者进行培训，其次是对教研员和种子学校的骨干教师培训，最后是对全区的骨干教师培训，采取分批进行的模式。自2021年3月以来，天河区先后安排了10批教师到上海接受线下培训，参训教师600余人。2021学年

下学期，举行3批线上线下相结合的主题培训活动。截至2024年5月，全区所有公办学校均有教师参加过华东师范大学组织的培训，民办学校教师则参加过区教师发展中心组织的培训活动。

2. 融合教研活动，打造区学习共同体

天河区贯通“区域教研—片区教研—校本教研”三级教研，用好用活片区教研重要机制，面向全区推广学历案。以各片区种子学校为中心，以点带面，带动其他非种子学校，形成“1+N”学习共同体。天河区结合区域特点和学校特色，整合公办、民办学校，划分10个教研片区，保证每个片区均有种子学校，以片区教研活动扎实推进学历案走进校园、走进课堂、走进学生。各学科教研员发挥辐射引领作用，将“双减”政策融入教研教学，带领一线教师将学历案设计融入课堂教学，实现课内学习提质减负目标。

3. 以科研为导向，提升教师研究能力

教育科学研究对课堂教学有着重要的导向作用。天河区及时发挥科研导向作用，在《天河区教育科学“十四五”规划2021年度课题指南》《天河区教育科学“十四五”规划2022年度课题指南》中明确写入“学历案”“核心素养”“大单元教学”等相关选题建议。2021年，在一般课题中设立选题“基于‘学历案’的学科单元教学设计与实施案例研究”，选题覆盖各学科。2022年，在重点课题（最高级别）中设立专题版块“‘学历案’促进区域课堂教学变革的研究”，并细分为12个研究方向。在科研引导下，2021—2022年天河区的省、市、区课题立项为183项，目前仅“学历案”专项立项课题就多达19项，其中市教育科学规划课题1项、市教研院课题3项、区级教育规划课题15项。

4. 强化比赛实践，鼓励教师争相竞技

围绕课程与教学，聚焦学历案设计，天河区先后举办多项教学设计比赛以推动教学实践。2022年上半年，天河区举办义务教育阶段各学科单元学历

案教学设计评比活动。评比活动评价量表核心理念部分见表5-2。2022年下半年，天河区举办义务教育阶段教师学期课程纲要设计比赛。比赛结合教师教学工作实际，在赛事中融入新课标理念，受到区内教师高度认可，比赛报名人数始终保持在高位，真正做到了以赛促学、以赛验学。

表5-2　单元学历案教学设计评比活动评价量表核心理念部分

维度	一级指标	二级指标	权重			
			A	B	C	D
核心理念（30分）	学生立场（10分）	①设计视角是学生而不是教师 ②设计内容是学生的“学”而不是教师的“教” ③语言表述符合学生年龄特点	10～8	7～6	5～4	3～0
	基于课标（10分）	①学习目标准确对应课标要求 ②学习目标恰当分解课标行为动词 ③学习目标恰当分解课标核心概念	10～8	7～6	5～4	3～0
	“教—学—评”一致（10分）	①评价任务基于学习目标引导学习过程 ②学习任务精准指向学习目标 ③评价任务镶嵌于学习过程	10～8	7～6	5～4	3～0

（三）学校实践探索：一校一策，以校本教研牵引教学改革

1. 以需求谋方案，六步走绘制课程实施方案流程图

在开展毕业生形象大讨论的基础上，各校总结前期课程改革中取得的经验，综合评估自身发展优势及问题，重新规划新时代育人蓝图。学校通过六步走组织制定课程实施方案：一是建立以校长、教导主任、骨干教师和教育专家为主体的学校课程规划团队；二是广泛收集课程开发所需资料，如课程政策、课程资料、学情资料、社区资料、教师资料等，做好分类整理；三是确定学校的课程目标，构建校本化课程标准；四是编制学校课程实施方案；五是集体审议，在广泛听取意见的基础上修改；六是方案答辩，即送交项目组进行陈述答辩，最后再进一步完善确定方案。

2. 以理念定方案，厘清课程规划重要概念及实施路径

学校围绕办学理念，通过SWOT分析法，厘清对课程规划的认识。学校围绕“如何找到校情分析与课程设置的关联”“课程分类如何做到不遗漏不交叉”等问题，通过耐心打磨，调整课程计划表，做到科学精准实施国家课程，稳妥推进广东和广州地方课程，构建有学校特色的校本课程。学校课程实施方案，主要涉及课程规划的依据、学校课程计划与说明、课程实施与评价、保障措施等要素。确立课程实施方案后，学校利用多种途径，让教师、家长、社会了解学校课程规划，实现“家校社”协同育人。学校围绕办学理念编写课程实施方案，通过课程规划引领和指导学校课程建设，进一步深化课程改革和实现课程育人目标，最终凝练办学特色。如华阳小学提出“让学校成为一个温暖童年，照亮梦想，向阳生长的地方”，体育西路小学提出“培养美于心、善于品、敏于行的全面发展的体西学子”。

3. 以特色精方案，利用校本优势培育学校特色品牌

各校在开齐开足国家课程的前提下，积累了一定的校本课程开发经验，但仍然满足不了社会需求。如广州市第八十九中学调查发现，95.3%的家长希望学校能开设更多的体艺课程、活动课程和社会实践课程，不希望学生整天只沉浸在文化课的学习中；16.1%的家长表示能够参与开设相关专题课程；16.7%的家长表示愿意为学校提供课程资源。只有研发特色校本课程，才能达成国家课程标准的校本化落实。“一校一案”的实施，为学校特色发展提供了制度与行动的双重保障。各校以“落实因材施教理念，培育学生核心素养”为指引，整合校内外资源，探索国家课程校本实施路径，促进学生全面健康成长。如汇景实验学校开发人工智能课程，根据不同学段特征，确定不同层次课程目标。

（四）实践探索成效：学为中心，区域基础教育迸发内生动力

历时两年有余，天河区以编制学校课程实施方案、学期课程纲要、单元

学历案为抓手，推进区域教学改革实践，取得了一定的成效，特别是在教师教学、学生学习、学校办学、教育评价等方面效果显著。

1. 教师教学观念更为科学：教是为了学

教师教学观念发生质的转变。项目实施让天河教育更加富有激情，教师对教育前沿理念的领会更加深刻，“学为中心”“教学评一致性”“大单元教学”等核心概念深入人心。87.71%的新教师认为使用学历案能在“教学评”之间取得更好的平衡。与此同时，教师教学能力各项指标呈上升趋势。根据广州市智慧阳光评价测评结果，天河区小学教师在教学能力一级指标和5项二级指标上的分数与排名均有显著提升（见表5-3）。

表5-3　天河区小学教师教学能力发展情况

指标	得分	
	2021年本地区小学教师均值	2022年本地区小学教师均值
教学能力（一级指标）	89（全市发展位序10/12）	90（全市发展位序4/12）
教学设计能力	89	90
教学实施能力	89	92
教学管理能力	89	91
教学评估能力	90	91
教学研究能力	87	88

资料来源：原始数据来自广州市智慧阳光评价测评结果，经笔者梳理整合。

2. 学生学习过程更加高效：学习历程化

学历案记录着每一个学生学习过程的学业表现，是学生学习的认知地图、可重复使用的学习档案。学历案有助于学生明确学习目标，观察并反思自己的学习全过程。根据问卷调查和学生访谈结果，在采用学历案之后，学生学习目标更加明晰，学习过程更轻松活泼，学习任务参与度更高，在学会学习和学后反思方面进步明显（见表5-4）。

表5-4　单元学历案实施的学生问卷结果

学习目标更明确	学习过程更清晰	合作交流更频繁	合作交流更有效	教师反馈更及时
85.86%	92.31%	85.89%	82.06%	83.33%
作业设计更合理	学后反思有意义	课堂更紧凑	单元更有逻辑	注意力更集中
88.44%	78.19%	71.76%	83.21%	83.30%

资料来源：原始数据来自体育西路小学对五年级两个班级共78名学生开展的问卷调查。

注：百分比代表被调查学生中认同单元学历案带来该变化的比例。

3. 学校办学路径更加明晰：以课程育人

学校成系统地设计课程实施方案、学期课程纲要、单元学历案，使得学校办学更具有科学性和前瞻性。学校编制课程实施方案，使得学校课程管理更具连贯性和科学性。学校设计和实施学期课程纲要，使得每一学期每门课程的目标、内容、实施与评价更具有整体性和可操作性。调研发现，种子学校在教育教学质量方面取得了明显的提升。

4. 教育评价体系更加健全：重过程评价

天河区充分发挥教育评价的导向作用，以评价促使教育教学发生深刻变化。天河区构建了学科质量监控体系，强化数字化融合创新，全方位把握学生学业成长关键特征，将学生的改变和进步作为评价的核心，探索开展全过程纵向评价、全要素横向评价。每年开展10场“聚焦教学 · 论道质量”教学研讨活动，提升学校数据应用意识与教学治理能力。2021年11月，天河区“以课程建设为抓手的区域教学评一体化评价改革”项目获批成为广东省深化新时代教育评价改革试点项目。2023年4月，广东省教育研究院微信公众号发布《以教育评价“三驾马车”拉动天河教育改革》，专题报道天河区教育评价改革实践。

三、思考与展望

截至2023年3月，天河区17所种子学校共举办了50余场研修活动，参与人数万余人次，影响区内外100多所公民办学校，辐射国内新疆、贵州与省内梅州兴宁、湛江赤坎等结对帮扶区域。教学改革、作业设计的创新做法得到教育部调研组高度肯定，相关经验被省、市教育部门作为典型加以推广。2023年2月16日，天河区课程与教学质量提升项目研讨暨“双减”工作总结会议召开，省教育研究院院长傅湘龙、省教育厅基信处处长赵琦等领导和专家高度认可“天河经验”。该活动以线上与线下结合的形式辐射影响约16043人次。此外，区教研员多次代表天河区做经验分享，受到全国、省内、市内等多校邀请开展学历案主题讲座。教研员累计开展区内指导180余次，到全国和全省各地指导60余次。教育部教材局一级巡视员申继亮同志考察了天河区的课程改革经验后表示，天河区整体推进课程改革，从学校课程实施方案到课堂教学改革，很彻底、很全面、很先进，该经验值得总结。

教育高质量发展是我国新时代高质量发展的重要组成部分，只有完整准确全面贯彻新发展理念，才能正确认识当前教育高质量发展的目标、价值、原则和措施。在教育新发展阶段，回顾前期工作，天河区始终坚持“必须实现创新成为第一动力、协调成为内生特点、绿色成为普遍形态、开放成为必由之路、共享成为根本目的的高质量发展”的价值取向。

天河区以新发展理念认识教育教学和管理服务的新要求，选择以学历案为载体，倡导“因材施教，低负高效”，强化学校主体作用，切实提高学校教育教学质量。学校以课程与教学改革为契机，进行办学思路的调整与提升，以立德树人为根本任务，重构学校教育格局。经过两年多的实践探索，天河区深入践行“学为中心”理念，通过单元式、项目式、任务式的学习活动，培养学生成长型思维，初步形成了“课内融合课外”的学习模式，学生的核心素养和综合素质得到明显提升。

但教育教学改革工作始终是长期而复杂的系统工程，随着教学实践的深入，天河区逐渐发现自身教育教学改革的薄弱环节。接下来，天河区将继续坚持将创新作为引领教育高质量发展的第一动力，着力在三个方面推动区域教育教学改革走深走实。

（一）坚持抓好创新与发展的方向性

加强党对教育工作的全面领导，是实现教育高质量发展的根本保证。天河区坚持为党育人、为国育才，全面贯彻落实党的教育方针，将以立德树人为根本任务推进教育教学改革，发展素质教育，进一步研究实施“五育并举”的有效策略，做到方向明确、特色鲜明。17所种子学校中，已有部分学校基于课程规划和学历案设计做出了具有学校特色、天河特色的实践探索。天河区将把好方向、立好榜样，将种子学校的有益探索在全区乃至更大范围内进行推广。同时，加强与社会科学学术团体、智库的交流合作，深度挖掘天河区域特色，尝试在金融、人工智能、智能制造等领域挖掘教学资源，开发特色地方课程。

（二）坚持抓好创新与实践的科学性

教育的创新来自实践，也受实践检验。天河区将进一步深入挖掘教育教学规律和学生成长规律，遵循教育原则，把握教育科学本质，做有思想深度的创新，有理论指导的实践。一方面，天河区将加大与华东师范大学专家团队的合作力度，聚焦课堂教学、教师教学行为，邀请专家以实地调研和入校指导等方式给予更精准的助力，同时还将加强与其他城市和区域的交流合作，如北京、上海、南京、杭州、成都等地，汲取教育教学改革的有益经验；另一方面，要培养壮大区域骨干力量，既要做到让每一位教研员走在学历案培训的一线，也要鼓励学校优秀教师发挥引领带动作用，把课堂教学的好做法、好经验、真问题、真困惑呈现在教学改革过程中。

（三）坚持抓好创新与机制的系统性

教育教学改革要对提高政治站位、提升办学水平、重构教育格局、深化教学研究、改进学校管理、改进教育评价等工作进行系统思考，逐步形成优秀成果和创新机制。在加强教育品牌建设和打造学习共同体上，天河区将加大与上海、浙江等教育教学改革先行地区的交流合作，及时总结天河区教育教学改革经验，凝练创新成果，推出可借鉴、可共享、可传播的教学改革模式。“真正解决建立与完善立德树人监测与评价机制的这个难题。中国特色社会主义教育就是要‘在培养社会主义建设者和接班人上有作为、有成效’。”在普及阶段，天河区将加强教育质量监控，完善教育评价体系建设，在保证质量的前提下，逐步推广优秀成果。

（注：广州市天河区教师发展中心何凡、朱云志老师参与本文资料收集和撰写）